教育部人文社科规划项目"基于'文化自信'的湖南瑶族非遗文化的设计研究"、湖南省哲学社会科学基金项目"基于'文化自信'的湖南瑶族非遗文化创意研究"、教育部中华优秀传统文化传承基地项目"瑶族长鼓舞"研究成果。

非遗文化创意与设计

徐 鸣◎著

吉林出版集团股份有限公司
全国百佳图书出版单位

图书在版编目（CIP）数据

非遗文化创意与设计 / 徐鸣著. -- 长春：吉林出版集团股份有限公司，2022.8
ISBN 978-7-5731-2105-9

Ⅰ.①非… Ⅱ.①徐… Ⅲ.①非物质文化遗产-文化产品-产品设计-研究-中国 Ⅳ.①G12

中国版本图书馆CIP数据核字（2022）第159865号

非遗文化创意与设计
FEIYI WENHUA CHUANGYI YU SHEJI

著　　者	徐　鸣
责任编辑	杨亚仙
装帧设计	万典文化

出　　版	吉林出版集团股份有限公司
发　　行	吉林出版集团社科图书有限公司
地　　址	吉林省长春市南关区福祉大路5788号　邮编：130118
印　　刷	长春新华印刷集团有限公司
电　　话	0431-81629711（总编办）
抖 音 号	吉林出版集团社科图书有限公司 37009026326

开　　本	787 mm×1092 mm　1/16
印　　张	8
字　　数	170千字
版　　次	2022年8月第1版
印　　次	2022年8月第1次印刷

书　　号	ISBN 978-7-5731-2105-9
定　　价	42.00元

如有印装质量问题，请与市场营销中心联系调换．0431-81629729

前　言

文化是一个国家、一个民族的灵魂。文化兴国运兴，文化强民族强。没有高度的文化自信，没有文化的繁荣兴盛，就没有中华民族伟大复兴。文化创意产业的本质就是一种"创意经济"，其核心竞争力就是人自身的创造力，由原创激发的"差异"和"个性"是"文化创意产业"的根基和生命。各地区因地制宜，非遗传承和创新方兴未艾，要让非遗重新激活并走上一条可持续的道路，就必须让非遗文化创意的研发成为与人们生活紧密相关的衣、食、住、行等系列文化创意产品，并以此构建系统的文化创意理论体系，使非遗得到真正的良性发展。

非遗文化的保护与传承不应是原封不动的固态保存，只有被公众所认识、欣赏、消费，重建中国式、民族式的美学意境，才是非遗文化活态传承的最佳方式。"以古人之规矩，开自己之生面"，本书旨在探索非遗活态传承的逻辑起点，探寻非遗文化的创新设计发展呈现之力度和宽度。本书是编者结合多年的教学科研和创新、创业实践成果编写而成的，针对中国非遗文创设计的发展之路，根据"优秀非遗文化—地域特色文化—设计方法与设计原则—设计案例解析"的主线层层展开，循序渐进。全书结合编者团队多年田野调研及设计实践的成果，全书图文并茂、深入浅出，适用于高等院校视觉传达设计、产品设计和文化创意专业本科及研究生文创设计类的核心课程。

目 录

第1章 非遗文创设计概述
1.1 相关概念 …………………………………………………………… 1
1.2 目的及意义 ………………………………………………………… 6
1.3 相关研究现状 ……………………………………………………… 7

第2章 "真""善""美":三足鼎立构建非遗文创设计原则
2.1 真——非遗文创设计的本源所在 ……………………………… 25
2.2 善——非遗文创设计的伦理表征 ……………………………… 30
2.3 美——非遗文创设计的设计构建 ……………………………… 37
2.4 真善美原则在非遗文创设计中的普适性 ……………………… 40

第3章 物境求"真"原则——非遗文创的前期筹备
3.1 调研取真 ………………………………………………………… 46
3.2 取材传真 ………………………………………………………… 50
3.3 表现归真 ………………………………………………………… 55

第4章 意境致"善"原则——非遗文创的价值选择
4.1 非遗文创本源循善 ……………………………………………… 60
4.2 非遗文创选题择善 ……………………………………………… 65
4.3 非遗文创价值扬善 ……………………………………………… 67

第5章 设计达"美"原则——非遗文创的创意需求
5.1 传承济美 ………………………………………………………… 72
5.2 活化谐美 ………………………………………………………… 77
5.3 受众审美 ………………………………………………………… 81

第 6 章 文创设计的"事物情理"

6.1 文创设计中的事之"构" ················ 86
6.2 文创设计中的事之"善" ················ 90
6.3 文创设计中的事之"理" ················ 94

第 7 章 度象取真——文创设计中的象外限定

7.1 明晰组织的主语界定 ················ 98
7.2 洞悉行为的谓语关联 ················ 102
7.3 解析意旨的宾语内涵 ················ 104
7.4 江华瑶族非遗文创设计之象外限定 ················ 106

第 8 章 托物言事——文创设计中的象内可能

8.1 物境中的设计原则 ················ 108
8.2 情境中的设计形态 ················ 112
8.3 意境中的设计向度 ················ 114

参考文献 ················ 118

第1章 非遗文创设计概述

作为文化、科技和经济融合发展的产物，文化创意产业凭借其高知识性、高融合性、高增值性以及深厚的文化内涵成为衡量一个国家或地区综合竞争力的重要标志。文化创意产业作为现代服务业的核心产业形态，正处在一个成长期，如何培育这一新兴产业，是全世界面临的一个重要课题。自"非物质文化创意"概念提出以来，各地扶持政策不断出台，政府资金支持力度不断加大，非遗创意产业集聚区更是遍地开花，呈现出蓬勃发展的良好局面。但是，对于非遗文创，政府、学界、业界并未形成统一认识，关于非遗文创的理论基础并不成熟，对于一些本质性的问题，如文化创意产业、文化创意设计产品、非遗文创等概念的区别和联系，未能形成统一的理论体系。因此，当前中国的非遗文创相关人员需要对其本质特征进行深度思考。本章将着重介绍文化创意和非遗文创的概念、内涵，并揭示文化创意、文创设计、非遗文创等概念的区别与联系。

1.1 相关概念

1.1.1 文化创意与文创设计

（1）文化创意的概念界定

联合国教科文组织曾对文化创意产业（Cultural and Creative Industries，简称CCI）做出相应概念解析，其中，文化创意的内涵为：在经济全球化背景下产生的创造力。我国台湾地区学者黄光男认为：文化是生活的整体，其范畴广阔，举凡人类生存所生发的需求与经验，都可以称为文化现象；或更精简为被选择的精要，如艺术创作品所称赞的文化，似乎有被限定某一范围的定位。而"创意"来自艺术性的诠释，也是文化创意标识的中心，甚至说有"创意"才有发展。[①] 林明华认为"文化创意"一词中所指的创意是以文化资源为基础，通过创意人员富有想象力的创造性活动所产生的具有新奇特征并能够为企业带来

---

① 黄光男. 美感探索 [M]. 台北：联经出版事业股份有限公司，2013.

潜在经济利益的活动。

从艺术表现角度，黄光男用反向视角对文化创意概念进行了剖析，他认为：文创概念所指涉的范围，该是"美感"存于艺术表现的创意或创造，所标示并强调的"美感"表现内涵成为各项产业的要素。以文化为饰品，以创意为创造，旨在增进生活品质，提高产值，工艺品所能带动的文创业，其价值不仅体现在使产品出现，而且体现在它所带动的创意美学理念。

从发生形式角度，清华大学倪镔副教授认为：文化创意指借助高科技的手段和方法，对文化资源进行创造性的开发与提升，通过对知识产权的研发和运用，并依靠创意人员的智慧、技能和天赋进行整合与运作，生产出高附加值的产品。①

（2）文创设计的概念界定

近年来，"文创设计"一词在媒体与文献中高频出现，当前与之相关的研究及文献主体中带有"文创设计"的相关综述鲜有对其概念做出明确界定，但"文创设计"并不是一个简单的词组，有必要加以厘清，避免滥用之嫌。国家统计局《文化及相关产业分类（2018）》采用了线分类法和分层次编码方法，将文化及相关产业划分为三层。根据其分层统计结果来看，"创业设计服务"作为"文化核心领域"概念，属于"文化及相关产业"下9个"第一层级"的其中之一（编号03）。"专业设计服务"则是该03大类所包含的032中类里的0323小类，其中所包含的内容说明了设计服务定义的广泛性、不确定性和动态性，同时也说明了行业、专业和领域的协同创新与交叉融合。"文化""创意"与"产业"这三个概念的不同组合产生了诸如文化产业、创意产业和文化创意产业等不同的概念，在实践上带来了极大的混淆，也在一定程度上降低了产业推广的成效。在"2011计划"（全称"高等学校创新能力提升计划"）指导下中国美术学院挂牌成立了"浙江省文创设计制造业协同创新中心"，并设立了"文创设计基础与研究方法"设计实践类博士生基础研究入门课程。中国美术学院宋建明教授认为，"文创设计"是以经济学及知识产权的方式使之品牌化、衍生化和高附加值化的一种作业群体，还可以"稀释"为"文化＋创意＋设计"的句式结构，并提到：设计是一柄"双刃剑"。当设计经过"文创"意识"锻造"之后，它就会有明确的文化价值观，就如同注入"灵魂"，这能够促使它成为一种具有积极意义的创造力和生产力，而不使其走向反面。否则，在时下的社会和市场，设计的负面效应还将长久地持续下去。② 正因为如此，设计也就特别需要有文化作为"灵魂"的引导。由此可以看出，我国高校对于文创设计的探索主要侧重于综合性和基础性理

---

① 倪镔. 设计战略激活民族文化 [N]. 中华建筑报，2014－03－21（006）.
② 宋建明. 设计作为一种生产力，可精准扶贫 [J]. 装饰，2018（04）：23—27.

论研究。经过长达十几年的发展，各地关于文创设计的研究与实践，也逐渐凸显出地域化和特色化的趋势，如果以专业学科和地域特色来划分，中国的文创设计研究则主要以经济管理学、新闻传播学、设计艺术学以及文史哲专业的机构单位和专家学者为主，且中国文创设计研究的活跃区域主要还是集中在京津冀和长三角等地区的核心城市，文化业态非常多元，涉及各个领域。①

因此，文创设计是一门整体性的学科，技术与艺术共同参与，促使文创设计内、外表现力的产生。文创设计中内与外的断裂，违背文创产品自身成为艺术的要求，这种缺失造成了目前许多文创设计的遗憾与经济的浪费。为避免这种问题，对文创的思考应该从更宏观的层面入手，深入探索，进行文创设计理论研究。文创设计作为一种生活方式，同样也是一种生产方式，创作者在创造物质财富的同时，也在创造精神文化价值，以更好地满足人们日益增长的对美好生活的需要，以及在不平衡、不协调的地区发展中创造可持续发展的新样本，且当下文创设计并非某个或某一类专业之事，即便存在，也远远超过了现在所有的相关专业分类。基于此，下文将立足于视觉传达专业相关学科，对文创设计进行针对性研究，整体上可以将内容分为以下三块：一是缕析"构思"到"创意"的演变；二是离析从"文化"到"文创"、从"设计"到"文创设计"的不同侧重之处，从而引出何为"文创设计"之"基础"；三是提出基于设计事理学原理的文创设计观念及方法论刍议，即把强调"人、事、物、场、境"达到"合情合理"的设计事理学理论作为文创设计方法的基点，归纳文创设计中的评价标准，并建立规律性评价系统。一方面应促进"文化""创意"和"设计"三者间的融合，以文化为魂、创意为核，支持原创开发及应用，结合地域性文化特色，围绕人的生存方式、生产方式和生活方式展开；另一方面也应依靠人的智慧、技能和想象力等作为创造力要素，对文化资源进行发掘、归纳、取舍、提升、演绎与创造，借助包括高科技在内的各种工艺与技术，形成包括环境与服务在内的产品。

1.1.2　非物质文化遗产与非遗文创设计

（1）非物质文化遗产的概念界定

非遗即非物质文化遗产（Intangible Cultural Heritage）。2003年10月，联合国教科文组织通过的《保护非物质文化遗产公约》正式定义：被各社区、团体，有时是个人，视为其文化遗产组成部分的各种社会实践、观念表述、表现形式、知识、技能及相关的工具、

---

① 杨志. 融入社会创新的文创设计可持续发展机制研究[D]. 杭州：中国美术学院出版社，2018.

实物、工艺品和文化场所。[①] 我国于 2004 年正式加入联合国《保护非物质文化遗产公约》，开启了本民族非遗文化的保护与传承工作；此后，非遗相关的法律法规相继出台并不断完善修订，[②] 见图 1-1。

时间	主体	事件
1997年11月	联合国教科文组织	在第29届大会上通过了"人类口头与非物质遗产代表作"的决议
2001年5月	联合国教科文组织	宣布了第一批"人类口头与非物质遗产代表作"
2003年10月	联合国教科文组织	在第32届大会上通过了《保护非物质文化遗产公约》
2004年8月	中华人民共和国	加入《保护非物质文化遗产公约》
2011年6月	中华人民共和国	开始实施《中华人民共和国非物质文化遗产法》

图 1-1　国内外非物质文化遗产相关法律法规颁布

2011 年 6 月实施的《中华人民共和国非物质文化遗产法》第一章第二条规定了："非物质文化遗产，是指各族人民世代相传并视为其文化遗产组成部分的各种传统文化表现形式，以及与传统文化表现形式相关的实物和场所。"该法律的颁布标志了我国非物质文化遗产正式步入依法保护阶段，是我国非物质文化遗产保护工作重要的奠基石，具体包括范畴见图 1-2。

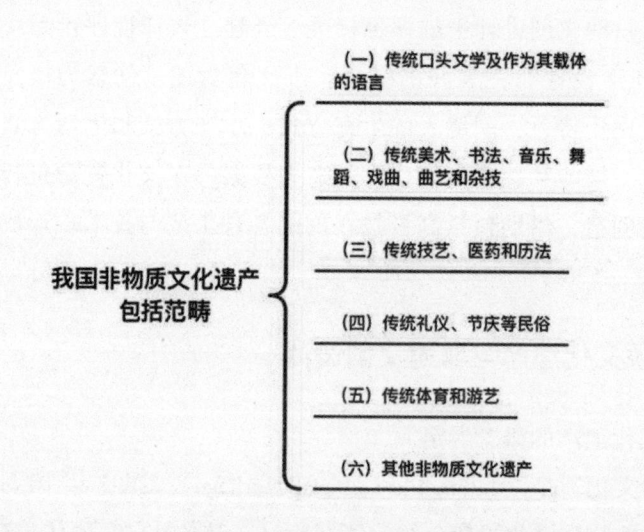

我国非物质文化遗产包括范畴
- （一）传统口头文学及作为其载体的语言
- （二）传统美术、书法、音乐、舞蹈、戏曲、曲艺和杂技
- （三）传统技艺、医药和历法
- （四）传统礼仪、节庆等民俗
- （五）传统体育和游艺
- （六）其他非物质文化遗产

图 1-2　《中华人民共和国非物质文化遗产法》规定的非遗范畴

---

① 梁保尔，马波. 非物质文化遗产旅游资源研究：概念、分类、保护、利用 [J]. 旅游科学，2008 (02)：7—14. DOI：10.16323/j.cnki.lykx.2008.02.002.

② 张春丽，李星明. 非物质文化遗产概念研究述论 [J]. 中华文化论坛，2007 (2)：137—140.

随着相关法律的逐步完善，我国已对各地非物质文化遗产进行了全面的普查认定与建档收录工作，各界学者对于非遗保护中存在的问题也进行了较为深入的探讨，社会关注度持续提升。2012年，中国社会科学院知识产权中心编著的《非物质文化遗产保护问题研究》一书从非遗的立法概况、理论与实践、保存与运用等方面做了探讨，对于非物质文化遗产的商业化的相关问题进行了较为全面的探究，对于非遗及其衍生产品的知识产权问题也有一定程度的涉及。[①] 此书的汇编为非物质文化遗产保护领域的实践工作者、相关政府部门和理论研究人员提供了有效参考，为推动非物质文化遗产保存及其民事权利保护起到了积极作用。

（2）非遗文创的概念界定

"非物质文化遗产创意产品"（简称"非遗文创"），特指以非物质文化遗产为资源进行设计的文化创意产品。杨慧子在《非物质文化遗产与文化创意产品设计》一文中指出"非遗文创"是在文创产业的视野下，以非遗作为源头活水，将其与文化创意产品进行融合。文化创意产业和非物质文化遗产保护两者是并行不悖的，设计师可通过深入的调查、学习、研究、实践，在非遗资源库中找出适于作为文创产业资源的项目，根据具体情况进行多梯度、多方面的再设计。[②] 费孝通先生曾提出："我们现在不光要发展经济，也要重新认识人文资源，要回头看到这种资源给我们带来的影响，另外，还要利用这些原有的资源给我们创造出一种新的文化，来服务于我们新的生活，这里面有很深的学问。"确实，非物质文化遗产所对应的"社会传统"，其中包含了社区、群体和个人所承载与延续的文学、音乐、表演艺术和视觉艺术等形式，与文化创意产业所对应的"现代"过程，两者之间有许多共通之处。费孝通先生在《费孝通论文化与文化自觉》中将"文化自觉"表述为，不单包括生活在一定文化中的人对其文化的"自知之明"，而且也有对其发展历程和未来的充分认识。[③] 实际上，改革开放以来，在中国社会快速进步的大背景下，人们关注社区、群体和地方社会的文化自觉，往往是与其传统文化复兴联系起来的，强调对传统文化的恢复、重建，而对于传统文化的发展趋向与未来则缺乏长远眼光。笔者在上述理论基础上认为，对于"非遗文创"可以理解为：无形的非物质性文化遗产之精神与现代设计表现融合后，具备商品价值的物质性延续。

[①] 姚磊. 非物质文化遗产保护问题研究 [M]. 北京：知识产权出版社，2012.
[②] 杨慧子. 非物质文化遗产与文化创意产品设计 [D]. 北京：中国艺术研究院，2017.
[③] 费孝通. 费孝通论文化与文化自觉 [M]. 北京：群言出版社，2007.

1.2 目的及意义

1.2.1 研究目的

本书旨在针对当前我国非遗文创设计的现实形态，以真善美设计原则和事理学理论为指导，获取关于文创设计的外部因素的知识，明确文创设计产品的设计目标以及具体设计原则，同时以此为依据，尝试建构出"合情合理"的文创设计方法论体系，对文创设计进行方法论层面的刍议。同时，本书以江华瑶族地区非物质文化遗产元素的提取与再造为研究方式，探索以文化为经线，以创意为纬线，把宝贵、独特的民俗文化资源转化为文化创意产品的方法，进行文创设计原则的架构，辅以对江华瑶族非遗文创项目实际设计案例进行阐释说明，对文创设计方法论加以佐证，在提高文创设计审美高度的同时对非遗本身进行"反哺"。

1.2.2 研究意义

博大精深的中华传统文化以活态的形式传承至今，其中非物质文化遗产占据了重要的位置，它们是中华民族的文化基因，也是民族生命力和创造力的重要体现。这些文化遗产为世界文明的进步做出了极大贡献，至今仍有重要价值。随着现代科技的发展，一些历史上的非物质文化遗产被作为资源进行当代的再设计、再创新。

（1）理论意义

首先，本书将"真、善、美"以非遗文创设计的视角进行讨论，为文创设计原则的研究开辟理论上的新视域。在非遗文创设计的"真、善、美"原则构建中，吸收借鉴国内外文创发展成果，复苏传统文化的审美意识，激活地域文化、民间文化，自上而下地进行非遗文创设计原则架构，为非物质文化遗产的传承及文创设计应用提供完整、系统的理论体系支持。其次，将文创设计方法置于设计事理学方法论体系之中，结合设计事理学的"事"结构进行研究，以"超以象外"的角度考虑其定义，探索其在文化发展、传承中所发挥的作用，不仅对微观的文创设计领域进行探索，而且在宏观的文化传承及现代设计领域寻找全新视角，将在一定程度上扩展设计事理学的研究范围。最后，以瑶族长鼓舞传承基地的团队研究成果为例，展示非遗文创设计研究体系的理论转化，为其他的设计研究者提供理论方法上的参考。

（2）实践意义

第一，满足大众审美层面。当今社会，人民群众的审美需求日益提高，以"真、善、美"为指导进行非遗文创设计原则研究，可以为非遗文创设计的开发提供新的、有价值的参考依据和审美原则。

第二，非遗传承推广层面。进行非遗文创设计研究，能够引起社会、行业对文创设计主体构建的重视，让优秀传统文化在现代得到传承，进而让大众了解非遗文化，达到非遗文化推广的作用，体现非遗保护之意义，也促使非物质文化遗产的保护与传承工作落在实处，从而坚定文化自信，推动社会主义文化繁荣兴盛。

第三，非遗文创开发层面。用设计事理学构建新的实践体系，可以为文创设计的开发提供有价值的参考依据和设计知识，并对非遗文创设计方法的研究、文创设计的发展提供新思路。

第四，响应设计扶贫层面。2021年第16号国务院公报《关于推动脱贫地区特色产业可持续发展的指导意见》中指出，实现巩固拓展脱贫攻坚成果同乡村振兴有效衔接，发展壮大特色产业至关重要。《意见》支持脱贫地区挖掘农村非物质文化遗产资源，设立非遗工坊。

1.3 相关研究现状

"非物质文化遗产"概念一经提出便成为社会各界探讨的热点，近年来更是有众多学者从各个领域参与非遗与创新的讨论，取得了一系列重要成果，大大拓展了我国非遗研究的内涵与外延。但是，由于少有学者对其研究发展脉络进行梳理，因此非遗现阶段传承与创新开发的规划模式以及各学科参与非遗与创新研究的侧重点未能系统化呈现。基于此，应当首先梳理非遗及其传承创新工作的诞生起源；其次从"原生态"和"活态"这两条非遗传承研究思路出发，重点对我国非遗保护和开发相关文献的研究现状以及进展进行梳理和分析，认识到非遗的保护和创新两者并行不悖；最终探索出只有坚持"守正+创新"的非遗传承开发模式，才能更好地传承非遗文化精神，创新非遗表现形式，进而提升民族文化自信力。

1.3.1 国外研究现状

对国外非物质文化遗产的传承和保护过程的考察与梳理结果显示：从纵向来看，各国对历史文化遗产和非物质文化遗产的传承一直是在自然状态下进行的，如果从1793年法国颁布的"共和元年宪法"算起，人类有意识地保护文化遗产的历史也只有200多年，如果从1950年日本开始保护非物质文化遗产算起，也不过只有70多年的历史；从横向来看，法国、意大利、德国等西方国家对非物质文化遗产的保护是放在整体性保护之中进行的，日本、韩国等东方国家则把它作为一种单独的文化现象加以保护①。

(1) 国外文化创意产业研究现状

英国是最早重视文化创意产业的国家，也是最早提出创意产业的定义和内容的国家。根据英国创意产业工作小组在1998年和2001年两次发布的《英国创意产业路径文件》，"那些源自个人的创造性、技能及智慧，通过对知识产权的开发和运用可创造潜在财富和就业机会的活动"统属创意产业。②英国的约翰·霍金斯（John Howkins）在《创意经济》一书中首先提出了"文化创意产业"的概念，被称为"文化创意产业之父"。③域外文献整合梳理情况显示：当前国外绝大多数学者对创意经济与创意产品的研究主要集中在与创意产业相关的宏观层面和中观层面，鲜有学者从微观层面特别是创意产品的开发原则层面进行专门研究。下文将以具体国家的具体文化产业属性作为区分依据，从创新学角度、开发模式角度与产生条件角度对国外文化创意产业展开系统梳理。

其一，创新学角度。美国经济学家熊彼特（Joseph Alois Schumpeter）被公认为是创意研究的鼻祖，他首先提出"创新学说"，其在1912年出版的《经济发展理论》中指出，创新是经济演变过程中永不衰竭的动力。美国学者塞缪尔·亨廷顿（Samuel Huntington）指出，21世纪的竞争将不再是经济的竞争、军事的竞争，而是文化的竞争。当知识经济向我们逼近时，运用文化资本增强竞争力、提高附加值是企业必须思考的问题。"创"是创新，是手段和措施；"意"是文化，是附加值的实现载体。"创"与"意"的结合能够实现文化的多重经济价值并实现在创新动力推动下的增值效应。2010年，昆士兰科技大学教授金麦克编撰的《昆士兰科技大学创意产业体验》一书，总结了"昆士兰模式"，认为"昆士兰模式"在融合各种创意因素方面做出了很好的表率，将企业、教学、科研和生活设施融入一个环境，"昆士兰模式"能够合理地利用和协调资源，并且在整个发展过程中所有部门和环节都表现出了很大的改革和创新的勇气。

其二，开发模式角度。消费者方面是较有代表性的，如纽约大学的W. 罗素·纽曼（W. Russell Neuman）在1991年提出，反对企业在视听产品开发时过分地强调受众的文化

---

① 飞龙. 国外保护非物质文化遗产的现状 [J]. 文艺理论与批评，2005 (06)：61—68.
② 张文洁. 英国创意产业的发展及启示 [J]. 云南社会科学，2005 (02)：85—87.
③ 约翰·霍金斯. 创意经济如何点石成金 [M]. 洪庆福，孙薇薇，刘茂玲，译. 上海：上海三联书店，2007.

需求，认为企业不应为了迎合消费者的偏好和期望而开发相应的产品类型。英国威廉斯（Williams）在1974年所撰专著中提出，技术对电视产品开发模式具有深刻影响，催生了新的电视产品类型，但不能过分强调新技术在产品开发中的作用而陷入唯"技术"论。

其三，产生条件角度。日本著名民艺理论家柳宗悦在其2011年所撰《工艺文化》一书中提出，工艺（传统手工艺）之成立取决于制作、作者和作品。在这里，器物必须是人与物相结合的产物。一旦如此，工艺就能成立。日本工业设计师喜多俊之在其2012年所撰的《给设计以灵魂：当现代设计遇见传统工艺》一书中，介绍了自己在塑胶的全盛时期大胆采用手抄和纸，他认为原本传统工艺是有使用需要才发展而成的技术。如果传统地方产业全部消失的话，日本的认同感也将减弱。①

此外，一些学者注意到了各国文化创意产业发展进程中的关系，对于域外国家文化产业发展的异同做了比较研究。2010年，沈强以经济学为视角，在界定相关概念和梳理了目前世界上关于文化产业的理论及研究成果的基础上，分别从发展历程、管理体制、运行情况、发展路径、市场绩效等几个方面对日韩两国文化产业进行全面比较分析，最后总结了日韩两国文化产业发展的经验和启示，提出了发展有中国特色文化产业的建议。②

从国外文创发展研究的脉络可以看出：一方面，尽管文化产业在各国的发展已有几十年，但由于各国的体制、文化等各方面的差异，因此也形成了非常鲜明的区域特色；另一方面，国外学者已经开始逐步将文创研究的视角从产业发展和模式探索，转移到对个人价值实现、社会意义建构和可持续发展的综合研究领域，这也符合目前国际社会环境和主流发达国家的发展趋势。

（2）国外无形文化遗产研究现状

早在2005年，飞龙以日本、韩国、法国、意大利等发达国家为例，对上述国家保护非物质文化遗产的现状进行了较为系统的梳理，③其最终提出的应关注发展中国家和不发达国家的非物质文化遗产保护问题的观点虽然在当时具有前瞻性，但在今日看来却略显宽泛，缺乏有针对性的深入解读。2013年，南京大学的吕斌在《复兴与蜕变：全球化时代的东亚传统文化——中日韩三国的非物质文化遗产及其现代应对》中对中日韩三国传统文化走向世界的发展历程、三国在传统文化领域走向全球的具体做法、开始时间及其受制因素进行综合分析和比较，提出在关注非物质文化对物质文化作用的同时，还需要关注其本

---

① 喜多俊之. 给设计以灵魂：当现代设计遇见传统工艺 [M]. 郭菀琪，译. 北京：电子工业出版社，2012.
② 沈强. 日韩文化产业发展比较研究 [D]. 长春：吉林大学出版社，2010.
③ 飞龙. 国外保护非物质文化遗产的现状 [J]. 文艺理论与批评，2005（06）：61—68.

身有益的思想内涵。中日韩三国的传统思想文化紧密关联，而且在东亚众多国家、地区中具有代表性，吕斌将日韩两国与中国的非遗事项进行对比研究，对全球化语境下中国传统文化的健全发展、培养适当的文化自觉等问题的解决有所裨益。事实上，当前文献检索结果表明了多数研究成果正是集中在日韩两国，基于此，本小节对于国外无形文化遗产研究现状的概述将以日韩两国为例。

日本对于非物质文化遗产的研究起步较早，发展情况也相对成熟完备。1950年5月30日，日本《官报》公布了第214号法律《文化财保护法》，由此正式提出"无形文化遗产"概念，写作"无形文化财"，该法律而后又历经了多次修订完善，因此日本当前拥有较为成熟的法律规章与资助制度。基于此，有不少中国学者从法学视角对日本无形文化遗产的体系构建与发掘保护工作进行了研究，如2007年周星和周超的《日本文化遗产的分类体系及其保护制度》在概述日本文化遗产的定义、分类和分级体系的基础上，较为全面地介绍了日本文化遗产保护制度的主要内容、特点及存在的问题，并对其文化遗产保护法制的形成与变迁脉络做了梳理。[①] 2020年1月，钟朝芳在《日本〈文化遗产保护法〉中染织工艺保护法律制度的建设过程与经验启示》一文中提出，日本的建设经验对我国传统工艺保护法律制度建设有着以下几方面的启示：与时俱进，积极应变；构建分类体系，实行分类保护；采用"整体性关联"的综合视角，推进活态传承。[②]

韩国无形文化财制度诞生于日本对韩国的殖民掠夺时期，在后期文化遗产保护方面也受到日本影响。20世纪初，朝鲜逐步沦为日本的殖民地，日本的殖民机构——朝鲜总督府，先后出台了《乡校财产管理规定》（1910年）、《朝鲜寺刹令》（1911年）、《古迹及遗物保存规则》（1916年）、《朝鲜宝物古迹名胜天然纪念物保存令》（1933年）等法律条例，通过这些法律条令，日本殖民政府对朝鲜全国的文物进行搜集登记，借"文化保护之名"，行"文物掠夺"之实。[③] 直至1962年，韩国颁布《文化财保护法》，正式将"无形文化财"与"有形文化财"共同纳入国家制度性保护之中。

中国与日本、韩国同处在东北亚区域内，三国在文化根基和历史渊源上有着密切的关系。日韩均深受中国儒家文化的影响，在"东方文明""亚洲文化"等共同语境下很容易找到共鸣。从发展文化产业的外在条件和内在需求来看，三个国家又存在比较接近的发展诉求。日本经济在辉煌过后增速放缓，遭遇了资源和环境的制约，开始把文化产业作为经

---

① 周星，周超. 日本文化遗产的分类体系及其保护制度 [J]. 文化遗产，2007（01）：121—139.
② 钟朝芳. 日本《文化遗产保护法》中染织工艺保护法律制度的建设过程与经验启示 [J]. 文化遗产，2020（01）：24—31.
③ 高静. 韩国无形文化财制度的重大改革 [J]. 文化遗产，2020（01）：9—15.

济增长的新动力来培育，显示出了日本对发展模式的深刻思考。韩国在经历了亚洲金融危机重创后，在国民共渡难关的精神和文化自救中看到了文化产业的巨大潜力，选择通过振兴文化产业来重振经济。而中国在经历改革开放40年发展后，充分意识到过去那种粗放的消耗能源和资源的发展方式已经难以为继，随着新发展理念的提出，文化产业已经成为当前一个重要的经济发展方式。

1.3.2　国内研究现状

中国是非物质文化遗产的大国，饶沃的非遗项目赓续了丰富的中华民族精神基因，是推动我国文化软实力进步发展的内驱动力。随着我国非遗传承创新的不断推进，涌现了新的机遇，同时也伴随着新的挑战，对于非遗传承思路与模式的科学系统化构建提出了创新性的条件要求，如我国非物质文化遗产传承创新工作逐步与文化创意产业、精准扶贫事业、乡村振兴战略有机结合，不仅为树立民族文化自信、实现中华民族伟大复兴的中国梦凝聚了精神力量，而且为打好脱贫攻坚战、全面建成小康社会发挥了重要作用。2018年4月《人民日报》刊登的《非遗扶贫，鼓起群众信心》一文提到：我国许多老少边穷地区都拥有特色突出、数量众多的非遗资源，却长期"养在深闺人未识"，甚至"任凭雨打风吹去"。[①] 近年来，我国各地涌现了利用非遗文化创意衍生进行的产品开发，实现与精准扶贫与乡村振兴衔接这一创新性的非遗传承对策，在非遗扶贫上做出了积极探索。如2017年贵州通过赤水竹编非遗项目实现了成果转化，据不完全统计，贵州省黔东南苗族侗族自治州2017年上半年参加研培计划的学员，返回当地培训新的学员并带动约9500人就业，其中包含5500余名贫困人员，约占就业总人数的58%，平均每家企业带动47人就业，就业人员人均年收入达2.2万元，顺利达成了非遗拉动脱贫摘帽的目标；同年，青海民族大学指导的土族盘绣合作社在青海省互助土族自治县挂牌成立，合作社对土族盘绣手工艺人进行了技能培训，使传统土族盘绣更符合现代的市场及审美取向，为土族盘绣打开了市场销路，帮助签订苏州著名品牌企业9万元盘绣订单，成功帮扶土族贫困女性300余名。"扶贫振兴"这一非遗传承开发创新思路，不仅使偏远地区的非物质文化遗产得以实现固本性的传承与创新性的转化，而且在非遗保护开发中开拓了我国精准扶贫事业和乡村振兴的新路径，通过非遗创新开发产业拉动非遗所在贫困地区的经济实力，进而凝聚民族文化自信力。基于此，下文梳理了我国非遗传承和创新开发相关文献的研究现状以及进展，并归纳了当前影响非遗传承及其文创设计的因素，力图呈现国内对非遗及非遗文创研究现状

---

① 郑海鸥. 非遗扶贫，鼓起群众信心 [N]. 人民日报，2018-04-26 (19).

的整体认知。

①以科学态度深化：文化自信与非遗传承创新

随着中国特色社会主义理论与实践的深入推进，我国各项事业取得了巨大的成就，各界人士对于国家文化软实力和民族文化自信的关注度也越来越高，由万千中国劳动人民智慧凝结出的灿烂深厚的非遗文化也逐渐成为社会各界探讨钻研的热门话题。我国政府高度重视非遗保护及其研究工作，与各界人士携手努力，已取得了显著成效。当下，在文化自信的推动下，探索如何以更加全面、科学的态度考量非遗传承与创新的发展模式，具有重大的现实意义和永恒的历史意义。

a. 文化自信——顶层国家政策指导

坚定文化自信、推动社会主义文化繁荣兴盛、铸就中华文化新辉煌，是习近平新时代中国特色社会主义思想的重要组成部分。2019年6月，习近平在《奋斗》杂志发表了《坚定文化自信，建设社会主义文化强国》一文并明确指出：创作出具有鲜明民族特点和个性的优秀作品，要对博大精深的中华文化有深刻的理解，更要有高度的文化自信。[①] 党的十九届四中全会更是站在实现"两个一百年"奋斗目标的历史交汇点上，特别阐明了文化在推进国家治理体系和治理能力现代化中的重要功能和作用，明确了中国特色社会主义文化建设的前进方向、方针原则和主要任务，这是新时代繁荣发展社会主义先进文化的"航向标"和"路线图"，是更好构筑中国精神、中国价值、中国力量的"制度密码"。我国璀璨的非物质文化遗产既包含经史子集等文化形态，亦涵盖口头传承的民俗文化，以艺术性的表达汇聚了中华民族传统文化之精髓。时代树立了新的起点，作为中华优秀传统文化的重要组成部分的非物质文化遗产理应承担起时代赋予的文化使命。如何使非遗传承创新发展、赓续文化传统、引领文化思潮、增强文化自信，还需进一步探讨。

b. 文化创意——非遗传承创新需要

非物质文化遗产概念的提出代表着人类对自身文化认识的更新，这个全新的概念随着非遗保护开发的热潮开始进入人们的认知领域。同时，文化创意产业与非遗传承创新工作结合紧密，是中国文化软实力发展的重要方向。非遗是中华民族文化的重要组成部分，同时也是民族文化记忆的生产实践与符号表达，随着文化自信理念的深入实施，以非遗文创为代表的非物质文化遗产创新开发工作正在如火如荼地进行，延续非遗生命力、传承民族优秀传统文化不仅是政府、社会、媒体等关注的焦点，更是学术界的研究热点。《文化强国战略》的作者周和平在书中阐述了"文化软实力"之于国力的重要性，探讨了继承传

---

① 习近平. 坚定文化自信，建设社会主义文化强国 [J]. 奋斗，2019（12）：1—10.

统与发展创新之间的关系,认为保护优秀传统文化的有效路径之一就是对文化遗产的传承和创新发展。① 王智慧的《文脉赓续与民族复兴:传统体育文化的基因传递与文化自觉——基于习近平总书记十九大报告文化自信论的分析》从习近平十九大报告文化自信论角度对民族传统体育文化的基因、表达与生存焦虑进行了研究,提出重拾历史文化记忆、保护民族传统体育文化的现代性与生长性将是文化传承和实现文化自信的关键问题。② 在新的历史条件下,虽然国内已有大量学者从各个专业领域投入了非遗传承与开发的研究工作,但是非物质文化遗产保护研究和商业开发仍面临着层出不穷的复杂情况和矛盾问题。非物质文化遗产的保护与开发势必是立足当下且指向未来的,因此,非物质文化遗产的保护传承不仅要重视考察、刻录等原生态形式的保存,更要注重在新时代以更加科学的态度深化对非遗传承创新的思考。由于我国相关研究、设计与开发工作尚处于初始阶段,所以探索非物质文化遗产的科学传承与创新方式具有重要意义。

② "原"与"活"两态并行:非遗与非遗文创研究现状

2017年,中国艺术研究院的杨慧子在其博士学位论文《非物质文化遗产与文化创意产品设计》中正式提出了"非物质文化遗产创意产品"的概念,强调了"特指以非物质文化遗产为资源进行设计的文化创意产品"。由目前研究可知,我国对于非遗与文化创意产业的研究已有一定的成果,尤其是我国台湾地区已拥有一些将非遗与文化创意相联系的成熟案例。但就总体研究情况而言,少有深入触及非遗转化促生文化创意设计的讨论,也较为缺乏对于非遗保护创新科学态度的思辨。当前,我国非遗传承与创新开发可分为"原生态"和"活态"两个主要思路,下文将分别对其主要研究成果进行梳理。

a. 原本纪实:以原生态保护开发为路径

2013年,黄永林在《"文化生态"视野下的非物质文化遗产保护》一文中提出:"原生态"就是自然状态下的、未受人为影响和干扰的生态原状,是事物与环境合二为一的状态,即事物与其生存环境共存共生的现象,其显著特征是天然美、自然美、原始美。③ 所谓"原生态文化"是自然状况下生存的本真文化,"本真"是原生态文化的显著特征,是民众生活中的文化,是植根于某个地域的独特文化。基于此,非遗的原生态保护就是对非遗项目原汁原味的刻录保存,以便传之后世。

一方面,基于"原生态"保护开发思路,学术界从不同视角出发,对非遗传承保护与

---

① 周和平.文化强国战略[M].北京:学习出版社,2013.
② 王智慧.文脉赓续与民族复兴:传统体育文化的基因传递与文化自觉——基于习近平总书记十九大报告文化自信论的分析[J].西安体育学院学报,2019,36(1):1—9.
③ 黄永林."文化生态"视野下的非物质文化遗产保护[J].文化遗产,2013(5):1—12.

开发进行了研究。如2013年，黄永林在《"文化生态"视野下的非物质文化遗产保护》中基于生态学视角提出：非物质文化遗产是一种在一定的"文化生态"环境下形成的"原生态文化"以及非物质文化遗产保护的"核心物"，是一个民族原生态优质文化基因，这种文化基因在代代传承的过程中，映射出不同民族的演变历程，动态地演绎出一个民族的审美意蕴、价值取向、生活方式、思维模式和精神信仰等，即便是在与时俱进的不断创新过程中，其文化核心元素也将是该民族文化的遗传基因和文化身份基本识别标识被代代保留。另外，因其为非遗"原生态"保护研究做出的三大贡献而深受赞誉：一是提出源头性、原生性、整体性的非遗"原生态"保护三原则；二是梳理了我国非遗保护工作从抢救性到整体性再到区块性这一进程中各个阶段的研究侧重点；三是引申了即使是在非遗跟进时代创新的进程里，也应当始终把民族原生态的文化遗传基因作为一种独特的民族身份基本识别标识，并将其作为非遗保护工作的核心。黄永林虽然也提出了完善非遗文化生态区的保护建议，在一定程度上为我国非遗文化生态保护区的发展布局提供了相关策略，但其建议内容仅站在宏观立场上进行了面面俱到的表述，缺乏针对性的可实施的操作。2018年，荣树云在《"非遗"语境中民间艺人社会身份的构建与认同——以山东潍坊年画艺人为例》一文中强调了"人"是非遗保护的研究主体，提出了在"非遗"语境中重视非遗民间传承艺人社会身份的构建与认同，通过重新塑造其"社会关系、价值观、行为模式、文化规则"，[①] 促使从事传统手工的民间非遗传承艺人走出故步自封的模式，最终创造出更加多元的非遗工艺品生产机制。2019年，赵旭东的《文化互惠与遗产观念：回到一种人群互动与自主的文化遗产观》一文虽然同样从人类学角度出发，但却对传统非遗项目从前期设定到后期保护开发提出了质疑，他认为所谓"非遗"及其传承工作在本质上只是西方"拿来主义"影响在本国文化中不自觉的体现，并且呼吁应当"回到一种既存秩序的彼此互动且又富含文化自主性的文化遗产观"。[②] 2020年，毛巧晖的《非物质文化遗产语境下民俗艺术研究之嬗变》一文从民俗艺术范畴出发，探讨了"在非物质文化遗产语境中，民俗艺术研究在沿承之前学术脉络的基础上，应由对'原始艺术''地方性知识'的关注转向'地方感''公共文化'及'传播样态'"。[③] 其重大贡献首先在于梳理了自19世纪末到21世纪以来非物质文化遗产语境中的民俗艺术学理论研究；其次是从民俗

---

① 荣树云. "非遗"语境中民间艺人社会身份的构建与认同：以山东潍坊年画艺人为例 [J]. 民族艺术, 2018 (1)：91—100.

② 赵旭东. 文化互惠与遗产观念：回到一种人群互动与自主的文化遗产观 [J]. 民族艺术, 2019 (2)：12—24.

③ 毛巧晖. 非物质文化遗产语境下民俗艺术研究之嬗变 [J]. 民族艺术, 2020 (4)：47—54.

艺术传播样态的视角为非遗保护传承研究开拓了新路径；最后还从情境、实证研究与艺术整体观交融的研究方法与理论范式转换上进行了一定程度的探讨和展望，系统地构建了非遗艺术性研究的知识范式和思想体系。以上各个针对非遗传承保护的研究虽然是从不同的学科视角出发，但都体现了对于"原汁原味"非遗的坚守。

另一方面，部分学者针对当前各景区、博物馆等的原生态非遗传承项目乱象展开了反思，认为我国当前众多的非遗传承保护的发展道路因受到资本市场影响而发生了偏离，极力倡导非遗保护开发回归非遗文化本真的保护与传承。如刘爱华的《工具理性视角下的非物质文化遗产保护困境探析》一文基于工具理性的视角提出"消费主义盛行使人们在非遗保护运动中不自觉地以功利的眼光来审视非遗的价值，因此必须追本溯源，回归价值理性主义，充分注重非遗的精神文化价值，重视非遗对国民性的熏陶和塑造，珍视非遗所蕴含的民族文化基因"。[①] 2015年，耿波发表了《地方与遗产：非物质文化遗产的地方性与当代问题》一文，他认为"当代非物质文化遗产保护运动带有浓厚的资本规训色彩，非物质文化遗产保护要获得其在当下时代的合理性基础，必先脱离资本引导下的自我规训逻辑，向古典传统回溯其文化定位"。[②] 耿波从地方性角度出发，对精英群体夙愿虚幻、民众文化自觉匮乏、物质欲望蓬勃的现状进行了批判，但是并未提出合理有效的在实现非遗保护地方性过程中所遇到的当代问题的解决途径，且过分强调了非遗保护文化定位应回溯古典传统，在当前国内倡导传统文化振兴反哺经济的大环境下不免显得保守。2017年，杨慧子也指出：非遗之为非遗，便是因得本真；非遗保护，须得遵守本真性原则；以非遗为源进行文创产品设计，也必须凭借一脉相连的本真；非遗文创安身立命的根本，便是保住本真。[③] 另外，康保成在《中日韩非物质文化遗产的比较与研究》一书中对于假借"原生态"噱头进行旅游经济发展而人为制造"伪非遗"的现象进行了批判，[④] 揭示了当前国内非遗传承开发工作中不容忽视的窘境——在当今的市场经济社会中，由于经济利益的驱动，外来商业文化的侵袭，为迎合人们崇尚自然的需要，"原生态"已经作为时尚新概念成为卖点，如把非物质文化遗产当成"摇钱树"进行商业化运作，使得许多原生态民间歌舞和民俗变味乃至变形。在很多地方，民众的生活方式被当作旅游资源加以推销，庄重的仪式、礼俗成为日复一日的表演，寄寓其中的民众情感自然就会逐渐淡化，使这些非物质文化遗产的功能发生了根本性的转变，虽然在形式上仍然保持着原来的面貌，但情感和灵

[①] 刘爱华. 工具理性视角下的非物质文化遗产保护困境探析[J]. 民族艺术, 2014（5）：123—127.
[②] 耿波. 地方与遗产：非物质文化遗产的地方性与当代问题[J]. 民族艺术, 2015（3）：59—67.
[③] 杨慧子. 非物质文化遗产与文化创意产品设计[D]. 北京：中国艺术研究院, 2017.
[④] 康保成. 中日韩非物质文化遗产的比较与研究[M]. 广州：中山大学出版社, 2013.

魂被空洞化、异化了：男女对唱的情歌变成了苍白的歌唱；仪式性的舞蹈成为技巧的展示；庄重的仪式成为戏剧的表演。一些民族村寨打造的千篇一律的舞台表演，既无特色，更无文化内涵，不但不能引起参观者的情感共鸣，反而伤害了其原汁原味的文化内涵。更有甚者，打着"原生态"旗号，人为地制造一些与原生态文化毫不相干的东西。譬如一些旅游景区招徕游客的"伪土风土舞"被插上原生态文化的标签，这些本质上粗制滥造的东西，破坏了原生态的特性和美感，摧残了原生态文化。

b. 活态传承：以融汇创新开发为路径

早在2008年，刘晓春就在《谁的原生态？为何本真性——非物质文化遗产语境下的原生态现象分析》一文中对原生态和活态的非遗传承进行了较为全面的解读，她认为"非物质文化遗产是口传心授的活态文化"。[①] 2017年，苑利和顾军在《非物质文化遗产保护前沿话题》一书中提出并强调了"活态传承是非物质文化遗产的重要特征"。[②] 与追求将非遗原汁原味保存的原生态传承思路不同，活态传承注重的是融汇与创新，强调增加非遗文化的生活普适性。2005年，国务院办公厅发布的《关于加强我国非物质文化遗产保护工作的意见》将"保护为主，抢救第一，合理利用，传承发展"作为非遗保护工作的指导方针，其中前半段八个字重在强调保护，后半段八个字谈及了利用发展。可以理解为：以活态传承的方式将非遗进一步融入现代生活。一方面，应当将非遗项目内容自身以活态的形式进行传承延续；另一方面，应当将非遗作为文化创意产业的源头活水，使两者进行有机的交汇结合。

第一，国内早期对非遗的研究主要集中在生产性保护和产业化发展上。此概念最早提出于2006年左右。自此，这一保护方式成为学界理论探讨和非遗保护实践中备受争议的话题。2015年，《上海市非物质文化遗产保护条例》第二十一条特别强调了应"对非物质文化遗产代表性项目实行生产性保护"，即通过生产过程使非遗得到活态保护和发展。此后，围绕生产性保护这一模式展开的学理辩驳便层见叠出。如2009年，吕品田在《在生产中保护和发展——谈传统手工技艺的"生产性方式保护"》一文中否定了将传统手工技艺从民俗生活环境中剥离出来使之完全商业化的观点，提出要将"生产性方式"进一步转化为"习俗化方式"，强调了"活态流变性"造就非遗差异性，并探讨了如何使经典手工

---

① 刘晓春. 谁的原生态？为何本真性：非物质文化遗产语境下的原生态现象分析 [J]. 学术研究，2008 (2)：153—158.

② 苑利，顾军. 非物质文化遗产保护前沿话题 [M]. 北京：文化艺术出版社，2017.

技艺在保持自身特色的前提下走出一条手工生产方式的产业化的经济道路。① 2011 年，邱春林在《中国手工艺文化变迁》一书中则是以国家级第一批非物质文化遗产保护项目"大理白族扎染"为个案实例，提出了生产性方式保护需要守住技艺核心，并且注重创造非遗品牌、升级打造非遗创意附加值。② 在此期间，各界不乏对于非遗生产保护的探讨，其中最权威的说法当属 2012 年 2 月由文化部正式制定印发的《文化部关于加强非物质文化遗产生产性保护的指导意见》中对非物质文化遗产生产性保护的定义：在具有生产性质的实践过程中，以保持非物质文化遗产的真实性、整体性和传承性为核心，以有效传承非物质文化遗产技艺为前提，借助生产、流通、销售等手段，将非物质文化遗产及其资源转化为文化产品的保护方式。③ 2012 年 2 月，时任国家文化部非物质文化遗产司副司长马盛德在《非物质文化遗产生产性方式保护中的几个问题》中对"十一五"期间我国非遗保护现状和发现成就进行了详细梳理，认为坚守手工制作特色是"生产性方式保护"的底线；他提出的非遗生产性项目发展需要引入现代设计理念的观点在当时具有一定的时代前瞻性。④ 2012 年 6 月，潘鲁生的《民间手工艺的知识产权保护与文化传承》则进一步拓展了非遗知识产权问题，他提出：手工艺区别于其他民间文艺样式的一个根本点，在于其生产性、生活性和生态性。⑤ 另外，潘鲁生还梳理了民间手工艺的文化特点，指出了在民间手工艺的保护与传承现状中存在的问题，并对民间手工艺的知识产权提出了保护与发展方面的建议，为后来的学者研究探索非遗活态传承以及知识产权保护提供了有效参考。2015年，朱以青在《传统技艺的生产保护与生活传承》一文中对非遗的生产性保护进行了颇具深度的研究探析，他提出：非遗生产性保护是立足于非遗的"活态流变性"，是为实现非遗的活态传承而开展的一种有益探索，其主要任务是建立起一套非遗保护和经济社会发展良性互动的有效机制，最终目的是通过生产实践，实现非遗的传承与振兴。⑥ 朱以青强调在生产中保持非遗核心技艺与价值，并使之可以长期存在于人民群众的生活中，与人民群众同呼吸共命运，这一观点受到了学术各界的普遍认可。2018 年，鲁雯和刘璐在《阶层、品位与传统美术类非遗的生产性保护》一文中提出本真性与生产性在非遗保护工作中属于

---

① 吕品田. 在生产中保护和发展：谈传统手工技艺的"生产性方式保护" [J]. 美术观察, 2009 (7)：5—7.

② 邱春林. 中国手工艺文化变迁 [M]. 上海：中西书局, 2011.

③ 文化部关于加强非物质文化遗产生产性保护的指导意见 [N]. 中国文化报, 2012-02-27 (001).

④ 马盛德. 非物质文化遗产生产性方式保护中的几个问题 [J]. 福建论坛（人文社会科学版）, 2012 (2)：111—113.

⑤ 潘鲁生. 民间手工艺的知识产权保护与文化传承 [J]. 红旗文稿, 2012 (6)：13—15.

⑥ 朱以青. 传统技艺的生产保护与生活传承 [J]. 民俗研究, 2015 (1)：81—87.

矛盾与统一的辩证关系，① 然而其强调了非遗生产性保护开发产品应当将较高社会阶层视为消费目标群体，此观点缺乏一定的客观性。

第二，国内很多地域涌现出大量非遗项目研究。如2011年，季诚迁在《古村落非物质文化遗产保护研究》中以文化生态学理论研究非物质文化遗产与生态环境和文化环境之间的关系，为非物质文化遗产的研究与保护提供了新的视角。② 2014年，莫力在其博士学位论文《非物质文化遗产的现代发展》中基于现代性视角对云南耿马县芒团傣族手工造纸技艺项目进行了研究，着重探讨了非遗传承创新工作在顺应现代国家制度体系以及市场经济要求的发展过程中如何保持文化自觉意识。③ 同年，孙克在《人类学视野下的民间陶瓷及其活态保护研究》一文中以淄博鱼盘为例，从人类学角度重新审视了新形势下民间陶瓷类非遗活态保护的理论和实践。④ 2015年，方李莉在《论"非遗"传承与当代社会的多样性发展：以景德镇传统手工艺复兴为例》中梳理了景德镇传统手工传承发展过程中各个阶段的侧重点，强调了活态传承的重要性。⑤ 2016年，张朵朵和季铁在《协同设计"触动"传统社区复兴：以"新通道·花瑶花"项目的非遗研究与创新实践为例》一文里以"花瑶花"非遗项目的协同创新设计实践为例，在"生产性保护"概念的基础上进一步延伸非遗项目创新开发与协同设计、社区复兴理念的关系。⑥ 同年，吴昉在《"海派剪纸艺术"传承与发展研究》中整合梳理了上海"海派剪纸艺术"传承创新工作的起源与发展流变，将其划分为四个时间阶段并总结归纳了各个时期研究的一般性特点，还从都市发展模式的视角论述了其传承与发展过程中面临的主要困境，对于上海地区剪纸艺术的传承与发扬具有一定的理论创新意义。⑦ 虽然有众多学者从不同项目对非遗保护与创新进行了合力探索与互相辩驳，但他们皆肯定了尽管非遗文化技艺自身有着深厚的历史渊源，然而相较于物质性的历史文化遗产而言，"非遗"这一新兴概念沉淀还尚少，在我国，非遗这一概念从被修订到被大众熟知，仅仅经历了十年左右的时间。基于此，非遗的传承及创新工作还需各个学科通力协作、共同参与，从各领域的理论视角和实践方法出发，进一步延展非遗传承与创新研究的深度和广度。

---

① 鲁雯，刘璐．阶层、品位与传统美术类非遗的生产性保护［J］．装饰，2018（6）：72—74.
② 季诚迁．古村落非物质文化遗产保护研究［D］．北京：中央民族大学，2011.
③ 莫力．非物质文化遗产的现代发展［D］．昆明：云南大学，2014.
④ 孙克．人类学视野下的民间陶瓷及其活态保护研究［D］．济南：山东大学，2014.
⑤ 方李莉．论"非遗"传承与当代社会的多样性发展：以景德镇传统手工艺复兴为例［J］．民族艺术，2015（1）：71—83.
⑥ 张朵朵，季铁．协同设计"触动"传统社区复兴：以"新通道·花瑶花"项目的非遗研究与创新实践为例［J］．装饰，2016（12）：26—29.
⑦ 吴昉．"海派剪纸艺术"传承与发展研究［D］．上海：上海大学，2016.

第1章 非遗文创设计概述

第三，非遗与文化创意产业的融汇成为越发热门的研究方向。如，2015年田阡的《非物质文化遗产文化创意产业发展路径研究》认为，非遗与文创产业相结合在实践层面上缺乏学术基础，提出"非遗与文化创意产业互动的话题并未得以深入研究而达成深度共识"[1]的质疑。次年，金江波在《地方重塑：活态、活性与活力的非遗社区建设》一文中提出了"以活态的传承方式研究非遗课题，以活性的思维模式发展非遗队伍，以活力的运作机制来建设非遗社区"[2]的非遗传承创新思路，以"活态、活性、活力"理念建设非遗社区这一思路的提出拓展了学科建设与研培计划融合的边界，也为高校知识系统如何更好地服务于社会发展，如何帮助地方政府转型升级，如何提升社区居民的生活品质，如何增强公众的文化自信与归属感，提供了可持续探索与发展的路径。2019年，王家飞在《基于跨界打造非遗文化创意产品的设计研究》一文中提出行业间的跨界融合是当前产业发展的新趋势，"融媒体可以激活非遗的影响力，体验可以促进非遗的聚集效应"，[3]因此他呼吁着力打造非遗跨界IP，其观点对于进行非遗活态化传承和创造性发展研究具有十分重要的参考价值。2020年，叶茜和李树朋在《基于非遗文化下的皮具创意研发的思考》中以皮具创意研发为研究点，提出塑造符合年轻消费市场需求的情感化、科技化非遗文创。[4]另外，与非物质性文化遗产相比，物质性文化遗产作为文化创意设计灵感来源的比例更大，其中以文博机构文创最为典型。如2020年，汤金羽和朱学芳在《数字非遗传承中严肃游戏项目开发与应用探讨》一文中探讨了我国图书馆、博物馆等文化机构中的非遗文化教育和传播相关的严肃游戏开发应用模式，该文不仅对我国文博机构非遗传承创新进行了研究，而且还进一步深入探讨了非遗文创与现代数字科技的融会贯通，为我国非遗创新性传承开发工作提供了新思路。[5]当下虚拟现实等新媒体图形图像处理技术的高速发展，使非遗文化的传承创新事业从关注"有形之物"步入了打造"无形之物"的全新领域。如2014年，陈少峰的《非物质文化遗产的动漫化传承与传播研究》一文认为：我们应该从非物质文化遗产研究的视角，将动漫视作能够促进非遗传承与传播的途径之一。[6]该文章针对非遗保护视野下的非遗动漫化这一薄弱问题，提出以动漫促进非物质文化遗产的传承与传播，具有一定的创新意义。次年，黄永林在《数字化背景下非物质文化遗产的保护与

---

[1] 田阡. 非物质文化遗产文化创意产业发展路径研究 [J]. 社会科学战线，2015 (4)：30—34.
[2] 金江波. 地方重塑：活态、活性与活力的非遗社区建设 [J]. 装饰，2016 (12)：21—25.
[3] 王家飞. 基于跨界打造非遗文化创意产品的设计研究 [J]. 包装工程，2019，40 (22)：253—259.
[4] 叶茜，李树朋. 基于非遗文化下的皮具创意研发的思考 [J]. 中国皮革，2020，49 (09)：62—65.
[5] 汤金羽，朱学芳. 数字非遗传承中严肃游戏项目开发与应用探讨 [J]. 图书情报工作，2020，64 (10)：35—45.
[6] 陈少峰. 非物质文化遗产的动漫化传承与传播研究 [D]. 济南：山东大学，2014.

利用》中提出:"数字化文化遗产"的发展程度已成为评价一个国家信息基础设施的重要标志之一。[①] 黄永林基于数字化时代虚拟现实、新媒体传播等现代数字科学技术的背景,梳理整合了非遗的无实物化创新型保护传承与开发利用的研究现状和突出成果,为新时代非遗的可持续活化发展研究提供了参考。

当前文献研究成果表明,随着非遗传承创新事业逐步科学深化,其工作重心已由重视非遗技艺原汁原味地收录保存,转变为对其创新性传承开发模式的细化探索。一些学者针对部分具有生产开发价值与优势的非遗项目,提出了以非遗文创设计销售为代表的生产性创新传承保护方式,即"在遵循这类非遗项目自身发展规律的前提下,通过生产、流通、销售等方式,将非遗及其资源转化为生产力和产品,使非遗在创造社会财富的生产活动中得到积极保护"。[②] 非遗的生产性保护开发模式,不仅对优秀传统非遗文化传承保护事业起到了积极助推作用,而且增加了非遗传承人和当地民众的收益,提高了其弘扬优秀传统文化、传承非遗文化的积极性,促进了文化消费,扩大了就业,改善了民生,实现了区域经济社会文化全面协调可持续发展。同时,也应该注意到国内的非遗创新开发以及文化创意产业尚年轻,正处于上升阶段,非遗与文创有机融汇更是处于起步阶段。另外,文化创意产业与非遗融合的过程还引发了一些其他问题,如非遗传承人作品的知识产权得不到保障、机械化大批量生产技术的普及使非遗手工传承备受冲击等。

1.3.3 市场现状调研

近年来,文化消费市场"非遗改编热"现象屡见不鲜。早在 2012 年,苑利在《人民日报》中就曾呼吁刹住"把真文物改成了假文物,把真遗产改成了伪遗产"[③] 的非遗改编热,但此处所反对的"改编热",特指对非物质文化遗产本身所进行的改编或改造,至于那些仅仅将非物质文化遗产作为自己的创作源泉,利用非物质文化遗产中的某些元素进行新艺术、新设计之二度创作者,由于并未伤及非遗本身,创新作品也不属"非遗",并不在本文的讨论之列。

(1) 非遗文创的类型划分

非遗文创设计可以划分为以下几种类型,即博物馆纪念商品、个人企业开发商品、旅游纪念商品。

---

① 黄永林. 数字化背景下非物质文化遗产的保护与利用 [J]. 文化遗产, 2015 (1):1—10.
② 刘德龙. 坚守与变通:关于非物质文化遗产生产性保护中的几个关系 [J]. 民俗研究, 2013 (1):5—9.
③ 苑利. 刹住非遗改编热 [N]. 人民日报, 2012 – 04 – 20 (017).

①博物馆纪念商品

据统计，截止到2016年底，被国家有关机构认定的具有文创产品开发能力和产业规模的博物馆就有2256家。[①] 作为文化遗产保护传承的专业机构，各地方博物馆始终坚持国家意识、专业意识和职能意识并重的工作思路，开展并推动着我国优秀文化遗产保护工作。近年来，我国许多地区正在大力统筹建设非物质文化遗产博物馆，并设计制作相应的非遗博物馆定制纪念商品，许多传统博物馆也针对馆藏的部分非遗项目推出了相应的文创产品。从理论上说，传统博物馆保护的侧重点是管理并展存物质性的文化遗产，而并非"看不见""摸不着"的"非物质文化遗产"。但"物质文化遗产"与"非物质文化遗产"并不是截然不同的两种事物，而是一个事物的两个方面。[②] 再加之数字媒体、虚拟现实技术的快速发展与应用，更是为诸多难以展示的传统非遗知识、经验、技艺提供了新工具，开拓了新形式，拓宽了新思路。毋庸置疑，博物馆非遗文创产品的开发和博物馆非遗文创商店的营销越来越受到业界重视，已然成为非遗馆藏最好的推广和传播手段之一，也是博物馆利用非遗文化发挥文化和消费功能的重要途径。博物馆非遗纪念商品的影响作用主要表现在以下三个方面：

第一，博物馆非遗文创商品作为非遗及其相关藏品的衍生品，是展览内容的延伸，起到了拓展和深化展览的作用。虽然陈列展览非遗相关音频、器物是博物馆服务公众最主要的途径，但其局限性也是难以避免的，如观众在较短的参观时间内难以全部领会展览内容和展品内涵；非遗相关展品往往陈列在玻璃柜中，或是相隔在一米线之外，观众不可能贴近观察，更不能触摸；更多的藏品可能会因为展览主题、保护、外展等原因不在展陈之列，等等。而相关非遗文创产品则在一定程度上弥补了上述局限：一部分制作精美的高仿类文创产品满足了观众把非遗展品带回家的愿望，成为欣赏、学习、临摹、收藏的替代对象，也加深了观众对藏品和展览的理解；另一类非遗文创产品提取藏品所具有的显著视觉特征和文化内涵的造型、纹饰、图案，进行适当的强调、衍化和变形，与现代社会审美需求相结合，以更易亲近观众的形式阐述非遗展品的内涵，使观众更易于理解、乐于接受深厚的非遗文化。

第二，博物馆文创商店的设置，有利于营造自主、轻松、休闲的氛围，起到了改善和柔化博物馆参观环境的作用。博物馆的非遗展览通常有严谨的结构和逻辑关系，展品及其阐释相对严肃晦涩，展厅的环境和氛围甚至会比较沉闷，而博物馆非遗文创商店则给人截

---

① 郭万超. 博物馆文创的市场逻辑及提升路向：对"故宫文创热"的思考[J]. 人民论坛, 2019 (09): 127—128.

② 苑利, 顾军. 非物质文化遗产保护前沿话题[M]. 北京：文化艺术出版社, 2017.

然不同的感受，其适当的布局可以有效调节观览非遗文化的节奏，使观者在一张一弛之中获得更加舒适且深入的参观体验。

第三，博物馆非遗文创产品用于交流、馈赠，可以让更多的人分享非遗文化，起到了传播的作用。观众把文创产品带回家或是作为馈赠亲友的礼品，与家庭成员和亲友分享知识和参观体验，就像瑞士达沃斯世界经济论坛在线策略主席布诺努·吉乌沙尼所说的那样，纪念品使体验社会化，人们通过它把体验的一部分与他人分享。在分享的过程中，非遗文创产品本身成为交流的媒介，成为人际沟通的桥梁。

值得注意的是，博物馆因其专业性、官方性，往往承接着大批省部级甚至国家级的非物质文化遗产的前沿研究与保护项目，譬如"非物质文化遗产数字化保护工程""非物质文化遗产数字化保护系列行业标准制定"等数字化保护项目建设。多媒体技术的发展为藏品数字资源向公众传播提供了新的手段，博物馆相关专业人员利用数字技术全面、真实、系统地记录非物质文化遗产代表性项目的相关情况，生成文字、图像、音频、视频、三维动画等多种类型的数字资源成果，建立相关数据库，并从中归纳提炼，形成具有专业指导意义的数字资源采集标准规范。这不仅为我国非物质文化遗产保护工作提供了智力支持，还为各地非物质文化遗产资源互通共享奠定了坚实基础，并担负了众多大型数字非遗文创开发的重要工作。此外，在非遗大数据时代，博物馆文创产品的营销除了在馆区开辟专门的实体销售场所外，电子商务平台也开始扮演着越来越重要的角色，利用手机app、微博、微信公众号等新媒体电商平台，组成了博物馆非遗传播、非遗文创销售的移动应用网络体系。

②个人企业开发商品

现阶段非遗文创的设计开发工作仍主要由各中小型民营类企业和设计工作室承担，此类专门从事文创设计与营销的个人企业团队由于体量和资金限制，其设计的物质载体形式多以提取非遗外在表层视觉元素进行简单重构设计的文旅快销品为主。目前就整体市场而言，对非遗文化内涵进行深层挖掘的个人企业尚在少数，行业内缺乏致力于打造富含优品质、深内涵、高情怀文创设计产品的精良设计团队。

③旅游纪念商品

"文创产品"常与商业"旅游纪念品"概念发生混淆。文创是指基于具备广泛受众并系统化的文化主题，通过创新的方式进行再解读与创造（即创意转化）的行为过程与相关产物。文创产品又有广义与狭义之分，狭义文创产品是符合文化主题、创意转化、市场价值三特点的物质化产品，而广义文创产品是同样符合狭义文创产品定义三特点的任何能够满足人们需求的物质实体与非物质形态的服务。需要厘清的是，文化创意产品虽然在很大程度上是通过旅游纪念品进入市场的，但是文创产品不止是旅游纪念品，景区旅游创意礼品还包括具有地方特色的传统产品，如手工艺品、当地礼品。由于地方文化往往是旅游传播的产物，大部分源于"地方文化"的创意产品都具有旅游纪念品的属性，可以理解为近年来旅游纪念品的一种，是旅游纪念品产业的一支新力量。文创产品与普通的旅游纪念品之间的差别就在于"文化"二字，这也是文创产品设计带给人们惊喜感、新鲜感的原因所在。当然，这里所说的文化并不是表层的文化，而是指文化背后的精神，尤其是非遗文创产品的设计，不仅仅是对一件商品的设计，也是非遗文化所处地域风貌、地域文化的代言。因此，开发具有地域文化特色的文创产品，需要设计师不断加强自身的文化内涵，深入挖掘和理解地域文化，再通过不同的设计手法，将这些文化信息表达在产品中，经过对文化认知的诠释进而提升文创产品的内涵，突出地域文化，将非遗文化贴近消费者生活。

（2）非遗文创市场的问题与弊病

虽然市面上文创创作与销售的主体不同，但其实存在着不少共性问题。

①"大"与"小"的不平衡

就博物馆文创而言，国内文创销售火爆的场面基本是在诸如故宫、中国国家博物馆、首都博物馆以及上海、南京等少数几个大型博物馆内，部分省市级的中小博物馆则截然不同，文创的品类和数量都无法和大的博物馆相比，而且除了在法定节假日等旅游旺季偶有销量外，平时的销售基本上寥寥无几。[①] 同样，相关个人设计、销售企业以及各地旅游景区的规模大小也对文创产品具有显著影响。

②产品类型的同质化

非遗文创产品类型的丰富度以及辨识度虽然较以前有很大提升，但基本集中在衣、食、住、行、用、娱六个相关方面，随着各文创生产销售主体的竞相模仿，逐渐出现"不同样但同类"的趋势，类型的丰富度与独特性较国外还有较大差距，在产品的类型上还要继续拓展。[②]

③商业导向与文化传播的错位

非遗"文创产品"与商业"旅游纪念品"概念混淆，使以市场为导向的"卖萌"风格成为一种风靡文创界的特征，在一定程度上加剧了非遗文创的同质化趋势，也削弱了文创产品的文化性，呈现出浅薄化、娱乐化的特征，弱化了非遗文创产品应有的优秀文化深度导向。此外，还有一类是非遗相关器物的高仿文创，仅对器物本身进行完全的复刻，作

---

① 王国彬．"以展带产"的博物馆文创产品设计策略研究[J]．包装工程，2018，39（06）：114—118．
② 邢致远．博物馆文化创意产业模式与产品研究[J]．艺术百家，2014（5）：18—22．

为实物原件的替代品进行销售，就文化深度来讲可以说毫不突出，但以市场导向为主体所开发的文创产品（实为旅游纪念品）却能在销售方面屡创佳绩，屡次被当作文创的样板，这实际上是非遗文创在文化传播上的错位。

  由上述问题，我们不难看出具有文化性的高质量非遗文创离不开以下四个方面：首先是"特色"，即必须拥有独特的DNA；其次是"创新"，即必须具有自身的特点以及适应自身所处时代；再者是"品质"，即需要拥有优质的基础资源；最后是"运营"，即离不开用心经营。[①] 同时，还应注意避免仅从文创设计单向的审美视角出发，应以文化消费的角度切入非遗文创产品，以反映核心价值观为前提，坚持主流文化的方向，设计高品位且能承载博物馆历史文化的产品。由此，才能使非遗文创"以小见大，以微知著"，讲好非遗之"物"背后的人类文化之"事"，深刻体现非遗保护"见人、见物、见生活"的活态传承与保护理念，以优秀的文创作品来表现特有的非遗文化。

---

① 王国彬. "以展带产"的博物馆文创产品设计策略研究[J]. 包装工程, 2018, 39 (06): 114—118.

第2章 "真""善""美"：三足鼎立构建非遗文创设计原则

笔者在梳理文创设计相关文献时发现，孟子的名言"可欲之谓善，有诸己之谓信，充实之谓美，充实而有光辉之谓大，大而化之之谓圣，圣而不可知之之谓神"，不仅是对人文价值诸层次的概括，也完全适用于我们对中国非遗文创理念的研究。也就是说，非遗文创不仅仅是现代设计力量的浓缩，其中还凝结了中国传统的审美属性，更融入了中国传统的伦理价值，具有真、善、美三位一体的本体论、方法论和价值观的特征和属性，正如孟子所谓的"充实而有光辉之谓大"。而这还是中国非遗文创文化内涵和社会功能的最基本层面，这一基本层面其实更承载着真、善、美背后的道德和存在的本体问题——包括信仰和价值导向层面的问题。

2.1 真——非遗文创设计的本源所在

根据联合国教科文组织《保护非物质文化遗产公约》的定义，非物质文化遗产指被各社区、团体，有时是个人，视为其文化遗产组成部分的各种社会实践、观念表述、表现形式、知识、技能以及相关的工具、实物、手工艺品和文化场所。

从本质上而言，非遗文创设计是科技与政治、艺术与设计、宗教、伦理四者融合的一种表现形式，具有强烈、鲜明的地方色彩与文化底蕴。因此，非遗文创应遵循因地、因时、因材的原则。在此，笔者对于非遗文创设计的求"真"研究将主要采用科技史研究的三原则，即实证性原则、整体性原则与批判性原则。

首先，中国非物质文化遗产本身就是一门技术史，对其前期的发掘探索不能脱离历史的研究范畴，而从其他的视角对非遗文创进行解读，以避免舍本逐末之嫌。其次，中国非物质文化遗产一般都具备文化性、艺术性、科学性等特征，所以笔者在科技史研究三原则的基础上结合设计、艺术、伦理等方面进行研究。

2.1.1 实证性：非遗文创设计研究的基本途径

《中华人民共和国非物质文化遗产法》规定：非物质文化遗产是指各族人民世代相传并视为其文化遗产组成部分的各种传统文化表现形式以及与传统文化表现形式相关的实物和场所。(一)传统口头文学以及作为其载体的语言；(二)传统美术、书法、音乐、舞蹈、戏剧、曲艺和杂技；(三)传统技艺、医药和历法；(四)传统礼仪、节庆等民俗；(五)传统体育和游艺；(六)其他非物质文化遗产。属于非物质文化遗产组成部分的实物和场所，凡属文物的，适用《中华人民共和国文物保护法》的有关规定。因此，在非遗文创设计前期研究的过程中，必须坚持实证性的原则。

首先，我们强调在非遗文创设计前期研究中资料的收集、整理和运用是一个重要的环节和不可缺失的基础性工作。文献资料的优点在于记录了非遗文化的细节，为前期设计研究提供和保存了最为珍贵的、全面的第一手基础资料。我们常说，资料并不是学问，但重视资料的研究和掌握资料的多少，恰是对研究的促进和推动。

其次，实证性原则不仅体现在对资料的收集、整理，还要进行实地考察和核对。笔者在这方面做了大量的工作，笔者通过多次走访湖南江华地区进行实地调查，对当地非遗文化传承人、民间艺人进行访谈并记录，了解当地的人文情况，熟悉当地的风俗（见图2-1、图2-2）。同时大量搜集相关文献、调查报告、地方志资料，通过整理，找出研究切入点，找到解决当地文创产业发展问题的对策。在当地收集非遗相关的图文、音频、视频资料，认真仔细地进行分析和研究，力图使文献资料研究与实地考察相结合。

图2-1　江华盘王节实地考察　　　　图2-2　采访长鼓传承人李谊标

2.1.2 整体性：非遗文创设计研究的系统分析

鉴于非遗文创的独特性，其研究必须系统地由内至外进行，即强调其整体性。整体性研究存在两种方法，即"内"和"外"的研究方法，"内"主要是从某一学科内在发展线索找到其发展规律，一般不关注外部发展的社会动因和它对社会的影响；"外"则主要从社会外部来研究科技的发展，考察科学、技术与社会之间的互动关系，① 见图2-3。整体性方法论着眼于从非遗文创设计的宏观概括的角度出发，加以抽象思辨及大胆的诠释和推论，其目的在于启迪现实、预见未来。无论整体研究还是局部研究，无论宏观考察还是微观考察，其目的都是解决设计问题。

图2-3 整体性分析图解框架

非遗文创应从非遗本身散开并向其他领域延展与交织。可见，文创设计研究要讲求整体性和系统性，要善于从统一性中认识独特性，从个性中探求共性。要普遍联系、全面精细地对非遗文化项目的发生、前提、机制、性质、规律等进行反思。

因此，本文对江华瑶族非物质文化遗产的研究，首先从瑶族人民的角度出发，采访普通民众与具有代表性的瑶族非遗传承人，从他们的角度诠释瑶族民俗历史文化；然后从社会、政治、宗教、伦理、艺术等方面展开论述，在体现物质化的历史遗存的时候结合当时社会的生产水平、科技水平、审美水平等综合考量。笔者在研究考察盘王大歌的发展时，不仅从瑶族的发展中寻找规律，还从社会动因和对社会的影响两方面来进行研究，这也体现了本文运用科技史研究的整体性原则。

2.1.3 批判性：非遗文创设计的历史辩证研究

非遗文创设计的求真研究包括对过去批判性的总结和回顾、对现在的期许和评估、对

---

① 刘兵，章梅芳. 科学史中"内史"与"外史"划分的消解：从科学知识社会学的立场看[J]. 清华大学学报（哲学社会科学版），2006（1）：132—138.

未来的展望和预测。在研究中，过去、现在和未来三者之间相互影响、相互渗透、相互制约。这就是非遗文创设计中辩证看待历史的意义所在。研究的对象是该非遗文化所包含的思想和技巧、时空发展序列、历史价值以及对后世、现实的影响。"究天人之际，通古今之变"仍是该部分研究的要旨。

在前期研究中，以实地考察和整体性方法论为基础，运用历史辩证的方法对非遗产生的前提、机制、性质、规律等进行反思与批判，厘清其发展的衍变轨迹和演化法则。例如，建筑的构成规律，至少在一个时期或一个地域具有相应的稳定性和普遍性，并且还应该与生产方式之间具有相应的逻辑关系。运用历史唯物主义的观点来总结各个历史时期的发展过程和规律，才能真正认识和把握其内涵与实质。孤立地、割裂地研究现存的单个非遗从来不是好方法。

在浩瀚的历史长河中，各个时期不同风格的文化与事物都在一段时间内满足了人们的审美需要，符合了某个时代的审美标准，体现了传统文化和人文精神。用历史主义眼光观照非遗，并不仅仅是为了解决某个单独的问题，而是为了准确把握和深刻理解我们的传统文化，在更高的层面上尊重和弘扬传统文化。历史的复杂性注定了割裂突出其中任何一个方面都将是谬误的。每一个非物质文化遗产其演化过程都是纷繁复杂的，某种风格产生的偶然因素和必然因素，稳定的常规时期和剧烈的变革时期，错综复杂地交织在一起，构成文化进步的合力，共同使中国文化的发展在整体的系统结构中显现出连续性与间断性的统一。

笔者团队进入江华地区考察调研时发现，因历史原因，瑶族长鼓曾在20世纪出现了传承的断层，导致目前江华市场上的长鼓大小形制不一，材质也各有不同（见图2-4），难以进行下一步的深入研究，因此，我们展开了一系列的考察调研。

究其源头，中国的细腰筒形鼓起源于黄河流域史前时代的单面细腰筒形陶鼓

图2-4 目前江华地区形制不一的长鼓

（见图2-5），发展到汉魏时期，因受西方外来的双面细腰筒形鼓影响，便演变成了后世各民族多种形式的双面细腰筒形鼓，见图2-6。

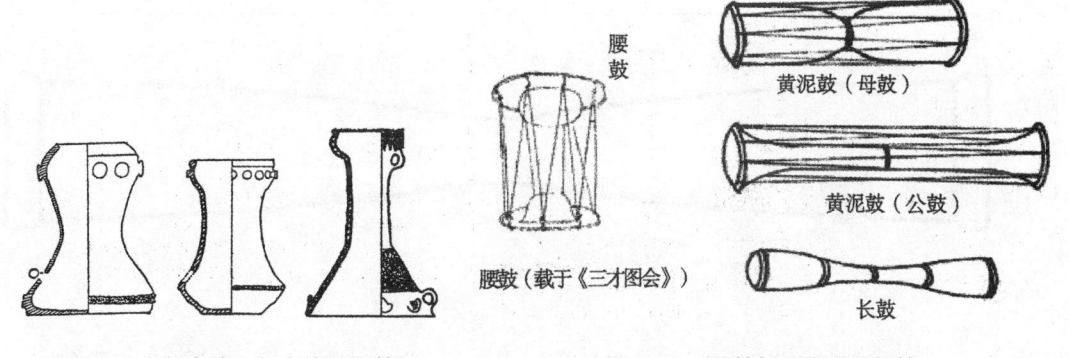

图2-5 中国史前文化中的细腰鼓图　　　　图2-6 腰鼓与现代瑶族长鼓

据考古发现与文献记载，瑶族的长鼓舞应是伴随两湖地区的瑶族先民迁徙岭南各地而开始流传的。关于瑶族长鼓的起源，非遗传承人盘上科先生说，其源自瑶族祖先盘王（龙犬）。因咬杀吴将军，盘王得到高辛氏的赏赐，与公主成婚，生下六男六女，后盘王上山狩猎被山羊撬落悬崖丧生，盘王子女为悼念盘王，用山羊皮、泡桐木制成长鼓以祭盘王。之后，瑶族人为了祭祀祖先盘王才创制了长鼓。与我们上述的考证比较，仅能说这种说法是一种族群认同的朦胧记忆，与细腰长鼓起源的信史相去甚远。接下来，我们在江华走访长鼓制鼓传承人盘上科先生、长鼓制作手艺人李谊标老师、鼓王赵明华老师，收集现存传统形制长鼓的资料（见图2-7、图2-8），最终得到传统长鼓制式图（见图2-9）。在经济社会，受工厂大生产的影响，传统手工长鼓渐渐消失在历史的长河里，取而代之的是由车床轧制的高性价比长鼓。车间流水线减少了传统长鼓部分内部构造，制作材料也发生了一定变化，其优点是瑶族长鼓的制作不再受生产环境与人工条件的制约，但目前工厂所生产的长鼓却失去了大部分历史与民族的温度。

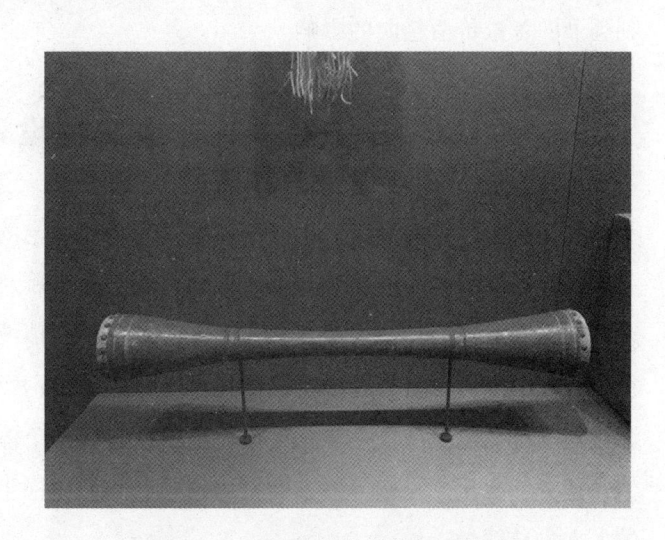

图2-7 鼓王赵明华收藏的传统长鼓　　　　图2-8 湖南省博物馆馆藏瑶族长鼓

图2-9 传统长鼓制式图

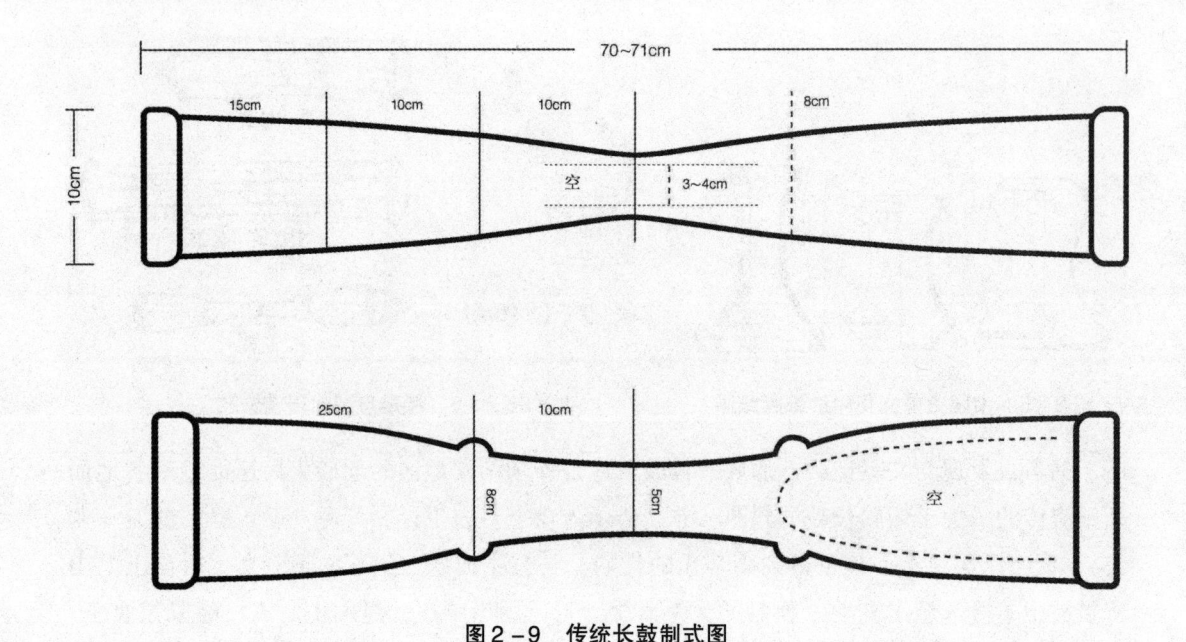

非遗文创设计求真中的历史主义原则，蕴含了它所具有的进步性和批判性，这使我们能够合理地考察过去、分析现在和预测未来。对历史的研究仅仅促进了对现象的理解，而且通过对大量常规的和偶然的现象的展示，使我们认识到了新的发展的可能性。非遗文创设计研究中的历史主义方法论的优点在于，它为设计者提供了历史的事实和整体的图景，强化了我们对非遗文化进行理解、反思的自主意识，使人们在进行文创设计研究时更具有自觉的能动性与历史责任感。从非遗历史发展的整体性去揭示规律，使我们对设计的把握更具有系统性和逻辑性。这一方面导致非遗文创研究的多样性和丰富性，另一方面使其受到强烈的背景价值趋向的影响。

2.2 善——非遗文创设计的伦理表征

人类的心理结构是历史积淀的成果，它是在一定的社会伦理的基础上产生的。生活在一定社会条件下的人群虽会有千差万别，但仍会有着对同样的社会规范、文化的认同的心理认知结构。在与社会规范、文化互动的过程中，传统人文主义精神影响着人群的活动与行为，在中国历史上为各个阶段的社会文化心理结构留下投影。中国现存的优秀传统文化无论是物质文化遗产还是非物质文化遗产，它们的个体和群体形象都与某个历史时期的政治、经济、文化、科技等诸方面密切相关，它们植根于深厚的传统伦理文化，表现出鲜明的人文主义精神。

但纵观现阶段文创设计市场，反思当下以文化为诉求的产品，我们发现，大多所谓的

"文创产品",仅仅停留在造型及装饰纹样层次,缺乏深层次的文化内涵,究其原因则是对想要借助产品表达的文化缺乏深层次的思考。

因此,当下将创意设计归类到文化思维的范畴是人们对事物的要求在满足"真"的基础上而提出的思想及精神上的诉求,绝非是对"不切实际"的"美"的向往,沟通二者的即为"善"的呈现。非遗文创设计区别于传统设计产品并重新定位,更加强调深植于非遗中的文化与产品的高度结合。

2.2.1 中华文化中的人本理念价值观

中华文化区别于西方文化的一个重要方面是,视野集中于世事人生、伦理政治等内容,有一条人本主义的主线。理解中华文化特有的精神气质,可以从中国人的价值观念的角度入手。

人本思想是与神本思想相对而言的,强调的是以人为中心,而不是以神为中心来看待和思考一切问题。在中国,没有神权凌驾于一切的时代。孔子不信鬼神,但表达得较为含蓄,到荀子时就成为一个彻底的无神论者。孔子对待鬼神采取了清醒的态度,"子不语怪力乱神""未能事人,焉能事鬼"。他竭力淡化人们对鬼神的崇拜,强调以血缘宗族关系为基础的人事伦理。在中国古代,人们开始是崇拜祖先,后来是崇拜族长、君王,神权从来都是依附、从属于皇权的。中国古代的建筑比外国古代建筑多了一丝人文色彩,这就决定了中国历代建筑是人的居所,而非神的居所。历来中国人都非常注重把人和现实生活寄托于理想的现实世界。中国传统建筑考虑"人"在其中的感受,更重于"物"本身的自我表现。这种人本主义的创作方法有着深厚的文化渊源。随着时间的变化和时代的发展,人们的感受也无时无刻不发生变化,这种变化让人们不断感受着生活中的乐趣。

在现代设计中,"人本理念"也可以理解为"人性化设计",而所谓的人性化就是满足人们对生活、心理和精神的一种追求。随着人们对物质生活的要求越来越高,人们的精神追求也越来越丰富。也就是说,当人们满足了基本的物质生活之后,也在不断地追求精神层面的满足。这就促使人们在现有的产品设计基础上,不断创新设计理念。好比最先推出文创产品的商家可能仅仅是将馆藏文物器形纹样简单复制设计制成商品,没有过多的设计,但是随着时间的推移,人们对文创设计要求越来越高,人们的关注点从文创产品的外观转移到其内在功用上,所追求的内容也越来越丰富。

随着时代的进步和社会的不断发展,各个国家、种族之间的交流越来越频繁,简单的交流方式已经不能很好地发挥沟通的功能,不能促进彼此之间的互动,已然不适合社会发展模式。另外,现代生活的压力越来越大,人们希望在设计中体验到娱乐、幽默元素,在设计中找到一丝安慰。此外，人性化设计还需要在设计中提倡绿色环保，这不仅仅体现在设计包装上，还需要作品能够循环利用，造福人类。这是设计的一种进步，也是人性化设计的最终目标。

设计始终是为人服务的，它来源于生活，能真正地满足人们的生活需求。生活是设计的源泉，也是设计的最终归宿，设计师需要有一双敏锐的眼睛，深入地观察、体验生活，将生活视为自己创作的源头。综上所述，传统的设计伦理文化产生出特殊的社会心理结构，表现出以人为本的思想和鲜明的人文主义精神，审美价值与政治伦理价值相统一。

2.2.2 儒家：中和为美及家国伦理观

传统伦理文化根植于中国大地，优秀的伦理观以非遗文化为载体，是非遗的灵魂。儒家思想是中国古代占据主导地位的哲学、伦理思想，在作为其内核的仁、礼、中庸、天人合一等精神影响下，中国传统文化迥异于西方，区别于世界其他古文化体系，并渗透到中国社会的各个领域，也深深影响了具有物质和精神双重特质的中国优秀非物质文化遗产。

首先，儒家讲求中和为美。《中庸》作为儒学思想的代表作，强调"喜怒哀乐之未发，谓之中；发而皆中节，谓之和。中也者，天下之大本也；和也者，天下之达道也。致中和，天地位焉，万物育焉"即中和的思想，由此可见"中和"在《中庸》中所占有的重要位置。受儒学影响，"和"作为古代人的心理状态和思维方式，意为世间万物各自中正其位。"中和"注重"适度中节"，"中"即适中，不是"过"也非"不及"。做事权衡大局，兼顾而不偏。凡事不绝对，不穷尽，留有余地来达到目标整体的和谐。"中和"美学思想表现在艺术创作对社会产生中正和谐的效用。"中和"讲究按中庸之道来实现和而不同，兼并情感表达和理性思维，使两者达到平衡的和谐状态，并且能够启迪人们接受社会教化。这种审美取向反映在设计上，则要求设计作品应让使用者在精神和心理上达到平和，不显突兀，不在概念方面走极端。儒家思想认为若过分在意与强调设计中的某一方面会导致作品的"失和"，从而打破使用者情绪的平和，这样是不美的。例如，服装设计需多采用低纯度色彩，减少会引起强烈情感效果的高纯度色彩（见图2-10）；为强调比例和谐，建筑物高度增加的同时，长度、宽度也需随之增加，防止因任一方的强大而影响平衡。再如，明代家具设计造型方直而细背部微曲，木料材质硬朗而纹理细腻，骨架纤细而整体充盈（见图2-11）。这种对游走于对立概念两端的"中和"的把控，就是对儒家独特的中正与和美的出色演绎。

图2-10　南宋《浴婴仕女图》设色团扇　　　　图2-11　明晚期黄花梨镂空官帽椅

其次，家国伦理观。儒家学说一方面肯定个体人格的独立性，另一方面强调人全面发展的社会意义。儒家学说的核心内容就是关心政治、注重人事，概括起来就是"正心，修身，齐家，治国，平天下"，认为"人的发展和人格的独立只在最终导致个体与社会的和谐一体时，才真正具有审美价值"。其一，人之间的关爱、和谐、合作，较之人之间难以避免的冲突、竞争而言，是更为重要与根本的方面，具有更高的价值含义。其二，无论在何种情况下，人道与人性的价值，都应是终极最高价值。任何科技的发明与运用、政治经济措施的建构与实施，都不可违背人道与人性的原则，决不能以牺牲人的生命与尊严为代价。这就必然使儒家美学思想注重艺术设计的社会功能、人格的社会意义和自然的象征价值。在封建社会，儒家美学思想从美的角度对视觉和谐和社会秩序稳定进行评判，同时对艺术创作的内容和功能作用进行评判。在自然美领域，儒家主张"比德"说，倾向于从伦理道德和人格心理结构的角度去观照自然景物，惯于将其比拟为某种人格品性的象征或隐喻性表现；在美感经验上，注重道德修养、理性判断；在审美趣味上，注重功用、理智、人工与现实，具有朴素的"设计为人民服务"的思想。儒家伦理的等级观、家国观、合理的自然观、中庸之道、尚中等思想，对现今的设计理念仍有巨大影响。

元明时期，封建王朝在瑶族聚居地重镇兴学，瑶族人对儒家的"仁爱、忠恕、孝悌"等学说深表欢迎。由于瑶族首领倡导儒学，以致儒家文化在瑶族民间广泛地传播开来。加之儒家宣扬的人性、仁爱、至诚、民本、仁政、中庸、和为贵等道理，与瑶族传统文化中的平等、互助、尊老爱幼、热情好客等习俗相和谐，深得瑶族民心，对瑶族传统文化产生了巨大的影响。儒家思想在潜移默化中逐渐融入了瑶族的世俗观念，即使迁徙流离、漂洋过海，瑶族人也执着地以之为民族文化的重要部分。由于儒家文化的深刻影响，瑶族不仅以儒家礼仪为己仪，以儒家道理为己道，还用通俗易懂的方式把儒家思想贯穿于民歌中，传教于下一代（见图2-12）。

由此说明，自宋以来儒家文化就与瑶族结下了不解之缘。儒家文化深深地融入到瑶族民间传统的文化之中，又通过传统的瑶族文化继续发扬光大。与此同时，儒家充分肯定审美和艺术在陶冶人的性情或协调人际关系等方面的价值，十分强调艺术教育的重要性，认为诗歌音乐具有"移风易俗"和"治国安邦"的社会效用，在部分肯定人的主体情感的前提下，将个体情感更多地赋予社会性的意义和使命感。这种对于道德的充分重视使他们的美学观带有非常强烈的道德上的"善"的内容。提倡美与善、情与理的统一，要求我们重新审视儒家思想对于美学原则社会性的强烈主张，同时重新审视儒家力求克服片面性、避免走向极端的"中和之美"所具有的合理的哲学内核以及"天人合一"的独特美学观，这些都是我们重建新时代民族风格的思想源泉。

第四行孝是王祥，继母久病思鱼汤，
将身卧在冰冻上，天赐金丝鲤一双。
十四行孝董秀才，董永卖身买棺材，
卖身买棺葬父母，后有七姐送子来。
十八行孝窦燕山，燕山为人有义方，
五子仪严礼敬信，兄弟五人登科榜。
廿四孝子作明镜，教育后人积德行，
我劝世人都行孝，千秋万代把名扬。

图2-12 瑶族民歌《二十四孝歌》

2.2.3 道家：自然之道与其理想境界

同样起源于中国本土的儒道二教有着许多相近的伦理观念，只不过儒家由于社会政治的参与程度极高，因而为中国灌注了一套标准的伦理价值，道教则具有超然世外的边缘追求，具有造福社稷、修心养性的作用，符合人返璞归真与追求幸福的本性。

"人法地，地法天，天法道，道法自然"。这里所谓的"自然"意指自自然然、自然而然或听其自然，即不强行、不妄为、更不胡作非为的"无为而无不为"的顺应事物发展的客观规律的生活状态。① "道法自然"是老子哲学与美学思想的基石。在他看来，自然界和人类社会只有遵循"自然"这一普遍的法则，万物才能够和谐共存，社会才会有正常秩序，人类才可能健康生活。庄子继承和发展了这一思想，从中引申出一种"自然"之道。据此，庄子论道，讲"自然"（普遍规律）；论美，讲"自然"（审美对象）；论人生，讲"自然"（与天为徒，因任自然）；论情性，也讲"自然"（精诚品性）。他认为人的情性表现要"真"或"精诚"，才会动人感人，就是说必须遵循"自然"或"自然而然"这条基本法则。如他所言："真者，精诚之至也。不精不诚，不能动人。故强哭者虽悲不哀，强怒者虽严不威，强亲者虽笑不和。真悲无声而哀，真怒未发而威，真亲未笑而和。真在内者，神动于外，是所以贵真也。受于天也，自然不可易也。故圣人法天贵真。"② 讲求真诚自然，遵从"自然"之道。因为"诚于中而形于外"的真情，才具有动

---

① 老子. 道德经[M]. 北京：中国华侨出版社，2013.
② 徐克谦.《庄子》哲学新探：道、言、自由与美[M]. 北京：中华书局，2005.

人感人的力量，在艺术中才具有审美的价值。这便是自然为美的原因所在。从中国艺术的发展来看，"自然"之道与自然为美的思想具有深远的影响和丰富的美学内涵。

在庄子的哲学中，"无用"是以形体上的无用来追求不为外物所累，在有些时候"有用"并不是不好，只是不够好；"无用"的真正目的也是求一己之大用，而不局限在单一有用的框框内。跳脱"用"的观念，抛弃"器"的成见，往往在超越后达到了一个更高的境界，也就是所谓的"无用方有大用"。

文创作品《裂痕》取材于木工厂中因自然干燥而裂开的废旧木材。工厂因此类材料无用而弃置，但对设计者而言，裂开的部分才是好材料，裂痕部分可以用以展现自然的力量。在设计制作时将漆上在裂痕处与花器的内部，让原本的瑕疵之处变成设计的亮点，以此说明无用之用与自然美的意涵（见图2-13）。

图2-13 文创设计"花器"——裂痕

本文实录的大部分江华瑶族非遗文创设计，包括其中的文字记载、口述文化记忆以及图片资料均来源于2016—2019年在江华瑶族自治区的十多次调研，由此我们发现道教文化已融入瑶族人民的生产生活。瑶族道教善于利用建筑艺术的方式为之服务，见图2-14、图2-15。

图2-14 道教符号在瑶族建筑中的体现

非遗文化创意与设计

天乾　　　　　　　地坤

图 2-15　道教符号在瑶族建筑中的体现

　　道教早在元明时期就已经传入瑶族地区，当时的瑶族人民因受到阶级压迫，生活十分窘迫，导致了对道教内容和仪式的接受，并将其融入自己的民族宗教和日常生活，进而慢慢演变为具有瑶族特色的道教文化，瑶族文化和生活习俗都随之产生了一定的变化。现今，瑶族生活中瑶传道教一般多活跃于祭祀、婚丧嫁娶等礼仪性场合。

　　笔者团队根据江华瑶族代表性文化符号长鼓与其宗教信仰这两大象征性文化符号设计出江华瑶族标志，见图2-16。首先以道教的八卦为载体，将八卦原有的三条爻改为五条，代表"盘王五色"，象征着道教传入瑶族地区后所形成的瑶传道教。其次，将长鼓的外形轮廓揉入其中，与旁边的形构成"图—底"关系。最后，在保留了瑶族长鼓造型特点的情况下将八卦与长鼓进行几何化处理，在保留传统文化符号感觉的基础上体现现代感。

江华瑶族
HUNAN JIANGHUA YAOZU

图 2-16　江华瑶族标志设计

总体而论，道家美学旨在追求绝对的精神自由和超然的独立人格，崇尚"天人合一"的境界，标举"自然为美"的理想，倡导艺术化的人生。就"自然为美"这一道家美学的基本准则来讲，它贯通古今，延展流变，内涵丰富。"自然为美"也深深地积淀在中国人的审美意识之中，从而形成一种普遍的审美品位与审美标准。于是，在审美观念上，道家以"道"为"大美"或最高的美，认为世间的美、善是相对的，因此（特别在艺术美和人格美方面）重真诚自然，轻人为矫饰。在审美经验上，重"涤除玄览""静观默察"和"心领神会"的直觉体验，追求超然物表、"游心"于道和"得至美而游乎至乐"的审美境界，因而"得意忘言"或"得意忘象"，轻视艺术的社会功能和审美过程中的语言逻辑与理性思考等。

在审美趣味上，道家崇尚自然淡远、飘逸古雅、平和清新的艺术美，注重本性天真、遗世独立和悠然自在的人格美。所有这些特征与儒家倡导的"中和"为美的理想准则形成鲜明的对照。中国古代两大哲学派别——儒家和道家，都主张天人合一的思想。在长期的发展中，这种思想促进了中国传统文化事物与自然的相互协调与融合。非物质文化遗产作为文化积淀，体现了中国传统的社会心理结构、民俗等其他规范文化作为形而上学的观念形态，影响与制约着社会的发展。因此，非遗文创设计与传统设计伦理是一种相互影响、相互渗透的关系，伦理作为一种意识形态而存在，影响着非遗文创实践，以"真""善"为文化诉求，影响"美"的设计实践。

2.3 美——非遗文创设计的设计构建

黑格尔提出"美是理念的感性显现"的观点，而设计中明确了美具有内容和形式两大要素，即要求美要以真（真实性）和善（目的性）为基础；而形式又必须与内容达到和谐统一，才能形成美的本质。"只有内容与形式都表明为彻底统一的，才是真正的艺术品。"由此可见，内容与形式的关系就是真与美，美与善的关系，文创设计真、善、美的统一即文创产品所蕴含的内容与形式的有机统一。

2.3.1 设计形式与内容相统一

"美"即文创设计中"真"与"善"的具体体现，所有的抽象观念最终都要落实到"美"的表达上，在这种表达方式下选题、材料、造型、环境组织等综合产生的设计效果与美学效果在形式与内容上要和谐统一。文创设计的内涵、造型、色彩搭配以及其他要素所构成的文创设计整体都是实现"美"的必要组成。

台湾文创产品"月灯竹"遵循可持续性设计理念，选用环保的竹与LED为材料，由设计师整合灯具各部分的功能，浓缩于极简造型的竹管中，除去繁复装饰，减少生产步骤及材料，进而降低能源消耗以及污染环境的机会。月灯竹镂空处的图样，除了美感的考虑外，也对应着竹管的特性及其所能承受的工艺极限。竹管并非采用天然竹管或直接取用积层竹，而是将积层竹刨成薄片后再圈绕而成，除了延续积层竹密度较高的优点，以此工法制成的竹管更具备厚度可控、材质稳定性较高、不开裂的优点，是一种可以标准化、大量生产的材质（见图2-17）。

2016年始，中南大学以江华瑶族自治县非遗文化资源综合开发利用作为对口扶贫的方向，发展文化、旅游等第三产业，努力为贫困地区各族群众提供更多就业岗位。本团队通过创意设计产品，将非遗文化更为广泛地引入现代生活。江华地区自然资源丰富，盛产木、竹，团队目前所生产的主要产品均就地取材。团队已将设计所取得的商业开发权转让给江华县企业，通过培养当地老百姓的劳动技能来提高生产能力，以经济自信带动文化自信，实现稳定就业，增加老百姓的收入，帮助当地少数民族就业。让文化源于生活，又回归生活、装点生活（见图2-18）。

图2-17 文创产品"月灯竹"

图2-18 江华瑶族自治区林区

由此可知，越适用、实用和耐用的设计，往往越简单和谐，越符合美的原则，具有更好、更完美的审美属性和艺术价值，进而也就满足与时代相适应并同步一体的政治、文化需求,也是真、善和美的"三位一体"。

2.3.2 文化艺术与感性场域的融合

文化艺术是生活中自发产生的创造性活动,是无条件限制的独创性表现,是一种"求美"的创造行为,而设计是把生活中的需求,透过获取数据并进行设计推理,追求客观的规律和真理,是理性的表现,也是"求真"的创造行为。文创设计也是为解决实际问题提出的合情合理的创造行为,其目标是"求善",为达到目标,通过设计将"求美""求真"的创造性行为进行论证,同时也将文化创意的"求善"内涵体现得淋漓尽致。文创设计以感性场域、文化艺术为基础,将自身定义为文化与场域两极之间的创造性活动,这种界定并非可以用文字详细解释,大多是一种在不同事态中不言而喻的契合,是两极因素经过一系列思考加工过后的促成。

时下许多传统营销模式敏锐地嗅到了感性场域与文化艺术结合的重要性,并大胆做出尝试,希望能够做出适应性改变。如台湾诚品书店,我们从其经营过程中不难发现文化艺术与感性场域之间的联系。

诚品书店为当地的人们提供了大量、丰富的正版书籍,并且为他们提供了舒适的读书场所,即一种直观的显性供需关系,但诚品书店发展至今,受到当地甚至当代年轻人的喜爱,绝非仅仅满足和维系了这种显性的供需要求及供需关系,而是有更深层次的隐性关系在其中,同时也是诚品书店经营的灵魂及价值所在。诚品书店以"人文、艺术、创意、生活"为核心价值,打造了一个复合式的文化场域。在传统的书籍阅读区域外,还开辟了饮品、文创、交流与休闲区域,既满足了人们对于阅读的需求,同时兼顾了人们的精神生活,两者相辅相成,互相依存。也正是因为文化艺术与感性场域的合理性存在,才能将人与物紧密联系在一起。对于诚品书店而言,其更加专注于人性的探讨,以文化创意之软实力发展经济新动能,融合美学等因素,将其提升到文化的层次(见图2-19)。

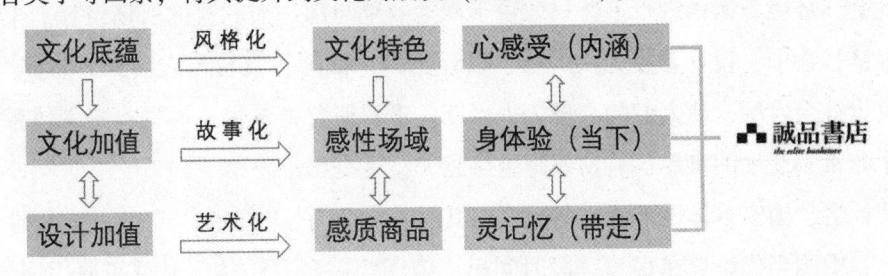

图2-19 诚品书店文化艺术与感性场域发生模式

在此基础上,本团队开展了长鼓体验工坊建设,组织开展长鼓制作和长鼓舞现场教学体验,将心理的感性需求与设计制作建立联系。邀请长鼓古法制鼓传承人和民间艺人指导实践活动以及手工 DIY 制作创意长鼓。团队成员负责设计工艺长鼓造型与技术指导，主要纹样从民族纹样中提取，其余交由参观人员自行 DIY 制作。结合工作坊活动设计系列文创产品，普及非遗文化的同时，将传统民俗文化转换为物质财富（见图 2-20）。

真、善、美三种原则在各个方面都有其存在的理论与实际意义。由此，下文会将真、善、美原则引入非遗文创设计中，论证真、善、美原则在非遗文创中的普适性。

图 2-20　体验工作坊日常

2.4　真善美原则在非遗文创设计中的普适性

非遗文创设计与传统宗教、伦理、艺术、科技浑然一体，不可分割。科学求真、求用，宗教、伦理求善，艺术与科技求美。表现真和善的非遗文创设计一定符合艺术和宗教、伦理规范美的特质。真善美原则在当代设计中是必然的、必要的，我们进行考察调研的因时、因地、因材等原则无不反映了求真、规范及和谐的特性，这些特性体现的就是非遗文创设计的真善美。

2.4.1　真善美原则在当代设计中的适当性

现代设计是为工业化服务、为大众服务、为普通民众提供价廉物美的生活品的，"设计让生活更美好"是设计者的终极目的。为此，设计者应该努力做到：实实在在地发现问题、解决问题，对社会有所担当。但是由于利益的驱使，设计者往往为满足少数人的需要而无视社会、环境等因素进行一些只取悦于视觉效果与部分人利益的所谓设计。于是，在当代的经济社会中，设计者成为吹鼓手，设计出的产品通过宣传与包装拉开价格与档次，从中剥离出社会阶层，使人们的心理失去平衡。索罗斯曾说过：全球资本主义体系已经造就了一个非常不公平的世界，贫富差距越拉越大，这是很危险的。

当代社会，国家整体设计水平的高低与其综合竞争力息息相关，设计的重要性由此可见。诚然，中国当代设计在很长一段时间里，曾因为材料、结构、品位等原因屡屡受挫，面临着许多新的困难和挑战。也许是为了摆脱此困境，也许是为了提升设计产品身价，许多设计者往往不惜成本，使得包装产品华而不实。一篇报道曾披露，目前我国 50% 以上的商品都存在过度包装问题。我国城市生活垃圾里有 1/3 属于包装垃圾。一般来说，包装的成本应占购买物品总成本的25%以内，如果商品包装成本占比达到40%以上，可认为过度包装。而今这种情况在食品业尤其突出（见图2-21）。

图2-21 包装市场现状

我国著名的垃圾问题专家、北京市政管理委员会高级工程师王维平在提到包装垃圾时，也认为近几年城市的"包装垃圾"呈现明显上升的趋势，在市民生活垃圾中所占比重越来越大。而且，根据目前情况综合各方面因素考虑，处理1吨垃圾大约需要150元。王维平认为，眼下愈演愈烈的商品过度包装存在四大弊病。首先，造成了资源的浪费，不管多精美的包装，最终都会被丢弃；其次，产生垃圾处理费用，每年北京市处理垃圾的费用高达10亿元，如果减少不必要的过度包装，可以节省2亿元；再次，侵犯了消费者的权益，过度包装造成了商品成本上升，这一切又被商家转嫁到消费者身上；最后，鼓励了不正当竞争，现在许多商家大量的精力不是花在提高产品质量上，而是一味地追逐"上档次"的包装，使消费者利益受损。

在经济效益最大化观念的驱动下，非善意的设计屡见不鲜。不是片面强调宣传某种意图，就是虚有其表而不论功能核心。近些年在设计市场上大行其道的山寨和假冒伪劣产品更是屡禁不止。正是由于在设计中缺少必要的道德意识与原则约束，当代设计中出现了真与假的并存和混淆，善与恶的颠倒和抉择，美与丑的模糊与扭曲。真善美是人类精神的永恒追求，在当代设计中追求真善美原则是适当的，也是合情的。

2.4.2 真善美原则在文创设计中的合理性

"真善美"的设计原则与成功的文创设计是相契合的。考究日本民族精神的内质，其吸收了中国儒学传统中某些伦理因素，如忠义、孝道、谦恭、家族礼仪、尊卑秩序等，其伦理表征具有明显的东方文明中温文尔雅的情致，也引入了中国道家含蓄隐逸的文化精神，具备感悟生命的敏感力和洞察力，拥有感受细微变化的审美能力，故而日本的文学、艺术、饮食与生活细节等都带有一种细腻精巧、浪漫缠绵的古典情调与超脱世俗的静谧的美感。其具有代表性的一款文创产品是由纸品公司 Omoshiroi Block 和建筑模型屋合作推出的建筑模型便签纸。其是传统的再现和日本代表性艺术的衍生品，取自日本传统建筑文化和民俗题材，并没有夸张和另辟蹊径的设计，而是很好地体现了质朴和精细，收敛和传承。在各种形式的载体中，内容却没有走形，其色彩、造型自然又简洁（见图2-22）。

图2-22　非遗文创产品：建筑模型便签纸

白娘子与许仙在西湖断桥边借伞定情的故事被世代传颂，而传统手工艺品"西湖绸伞"却面临衰落的危机。西湖绸伞以竹做骨，以绸张面，具有很强的审美价值和工艺价值，但因不具备防雨功能，故实用性相对较低。随着各种轻便、实用的雨伞进入市场，西湖绸伞的处境更加尴尬。在遵循择善的原则上，设计者让传统的工艺与美在现代焕发出新的活力，让传统工艺品在满足审美的同时具备更好的实用价值。在设计的求真上，通过走访老艺人，了解绸伞的制作工艺，希望从源头寻找答案。在此过程中设计者了解到：传统的西湖绸伞选用"六年一刀"的成年淡竹作为伞骨；从选材、劈伞骨，到做伞架、上架……制作一把西湖绸伞要经过18道手工程序，每个部件、每道工艺都凝结了手艺人的智慧和努力。经过设计研究，竹语设计团队终于做出了既拥有东方文化韵味，又具备日常使用功能的竹伞——"竹语"。采用具备防水和遮阳功能的竹纤维面料作为伞面，在传承传统工艺的基础上应用现代工艺，令产品具有工业化生产的可能性。在把握美的原则上，竹语在具有简洁现代特质的同时古韵犹存，很好地嫁接了西方伞的结构和东方伞的气韵。通过团队的反复调整，竹语伞骨的支撑曲率达到最佳。竹质伞柄结合了人机工程和现代美学，握感舒适，让用伞体验达到最佳。

通过活化传统材料和工艺，竹语不仅让传统的竹伞复活，也让东方的竹韵在现代语境下散发出悠远的余香。换言之，凡适用于真善原则的文创设计，就具有更好、更完美的审美属性和艺术价值，进而也就与时代相适应。综上所述，"真善美"原则在文创设计中具有一定的合理性（见图2-23）。

图2-23 非遗文创产品：竹语伞

2.4.3 真善美原则在非遗文创设计中的必要性

作为国家文化软实力的重要组成要素，非遗是文化创意产业发展的源头活水，设计师们从国内庞大的非遗中不断汲取资源，进行多梯度的设计与创新，琳琅满目的文创产品正借着非遗的"东风"拔地而起。而在这些文化创意产品里，有部分是不符合非遗的传承发展规律和市场经济规律的。兹因相关设计人员在未深入了解该非遗项目的前提下便着手设计制作，或是设计制作流于表面，没有根据该非遗技艺的特点，研发出适于该非遗项目的文化创意产品、艺术衍生品，为非遗的普及带来了不良影响。

以重庆为例，截至2017年，重庆已建文创园37个，在建文创园57个，共有15个市级特色文创园。然而，虽然目前文创园众多，但市场上文创产品大多停留在印刷重庆元素图案上，伴手礼也局限于火锅底料、陈麻花等少数美食，选择范围较窄，文化内涵不够。此外，除了拍照和美食，文创园的大体环境也给人"千城一面"的感觉。除了整体装饰风格相似，缺乏创意和文化内涵也是当前众多文化产业园的通病。对此，文创园负责人表示，虽然重庆旅游市场现在很火，但重庆独特的文化并没有完全宣传出去，也没有把旅游资源、非遗文化资源和商业资源充分结合，发挥更大的价值。到访游客带回家的特产不应该只有火锅底料，还应该有承载重庆历史文化、人文性格等非遗特色文化产品。同时，这样的产品还应具有更好的互动体验、更精准的消费场景应用、更高的品质和更公道的价格。

事实上，这种困局在国内并不少见，无论是从哈尔滨到大理，还是从杭州到乌鲁木齐，几乎所有的非遗景点，其周边销售的文创产品都大致相同，而能够结合当地和非遗自身的特点开发的文创产品则少之又少。与此同时，除了造型、质地等相似外，非遗文创产品的质量也参差不齐。短期来看，模仿抄袭虽然能够获取一定利润，但是从长远来看，却又扼杀了将非遗和当地文化进一步宣传推广的机会。因此，真善美设计原则之于非遗文创设计是必要的。马克思主义哲学中的真善美，强调人类认识世界的目的在于改造世界，而改造世界的最终目的在于人类自身的全面进步与发展。真是调研取材，善是价值导向，美是设计制作，真、善、美在文创的视角下被赋予了新的内涵，文创设计与真善美也就存在着必然的本质的联系。文创设计作为一种人类的社会实践活动，也必然遵循真善美的价值内涵。哲学的最高境界在于真善美的统一，而文创设计的本质要求设计者以求"真"为设计根本，以"善"为设计核心，以"美"为设计方法，有机地统一于文化创意创新之中，为非遗文创设计的创新与长期发展提供支撑。

接下来，笔者将以江华瑶族非物质文化遗产文创设计为案例来讲述真善美文创设计原则。江华瑶族拥有特色突出、数量众多的非遗资源，但因民俗文化资源的运用不合理、当地民俗传统淡薄和文化创意产品趋同等原因导致目前江华瑶族民族文化认知度低。近年来，我团队申请"江华瑶族长鼓舞传承"大学生实践调研团队，并获得调研资格，组建了江华瑶族长鼓舞道具调研团队，走访了江华县全部22个乡镇，搜集图书、文献资料500余册，录制了图像及音视频资料200余吉字节，采访了多位非遗传承人及民间艺人，取得了丰厚的调研成果，积累了大量的文本影像资料、实物等若干一手资料，并以此为基础做出非遗文化创意产品（见图2-24）。

图2-24 传统长鼓

深入细致的田野作业，是我们挖掘非遗文化的重要手段甚至是唯一手段。非遗本身就是民众生活的一部分。要想了解非遗，就必须深入民间，深入田野，只有这样，才能发掘更多素材，找出更切合的元素，求设计之真。

江华瑶族长鼓因其鼓身细长而得名，也是瑶族的象征性符号。如图2-25所示的长鼓器形状U盘就是以江华瑶族长鼓为原型所制作的文创产品。江华瑶族长鼓身长而中空，打开木质鼓身，U盘则呈现于鼓身中空处，尊重了瑶族长鼓器物的原貌。

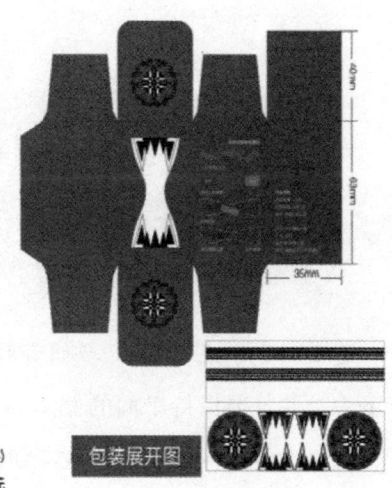

第2章 "真""善""美":三足鼎立构建非遗文创设计原则

图2-25 长鼓器型U盘

从择善的角度出发,该文创产品纹样的设计主题选自瑶族神话传说中的龙犬盘瓠。神话传说是一面反映瑶族人文风貌的镜子,讲述了瑶族的社会历史、生活习俗、思想情感以及内心愿望,充满了神话传说和幻想故事以及现实故事,承载着丰富的非遗文化内涵。选定好故事内容后,再将传统图案进行二次创作设计,将复杂的传统图案转变为现代简单的几何型,此为设计之美(见图2-26)。

人类通过对"真"的追求,促使人类物质文明发展,通过对"善"和"美"的追求,促进精神文明的发展,用"真善美"的统一,平衡人类的实践活动、认识活动和审美活动,实现物质文明与精神文明的高度契合,最终实现人类的富强、民主和文明。

图2-26 长鼓器型U盘纹样设计

45

第3章 物境求"真"原则
——非遗文创的前期筹备

费孝通先生说:"我们要研究我们文化中的种子,要研究怎样才能让这个种子一直保持下去,并且要保持里面的健康基因。"① 种子就是生命的基础,没有了能延续下去的种子,生命也就不存在了。非遗文创也是一样,如果脱离了基础,脱离了历史和传统,也就发展不起来了。中国非物质文化遗产大多起源于民间,就地取材,满足着人们的物质生活需要和精神审美需求。它是在劳动人民生产生活的过程中自发产生的,并在一定的社会文化环境下进行传承。实际上,非遗文创物境求真是为了清楚中国非物质文化遗产的来龙去脉,对自己的文化有所了解,目的在于掌握自己文化发展的脉络,不仅了解文化传统,还要清楚这些非遗应如何适应新的社会的发展和变化。

3.1 调研取真

亚里士多德认为,社会起源于人的本性,而人的本性是相同的。那么,为什么世界各地又有不同的政体、不同的社会制度呢?他提出,一个国家的政治制度与该国的地理位置、气候、疆域有关。② 此外,还有另一个决定其发展的内在因素,那就是社会的生产方式。生产力越低下,生产方式越简单,人类对大自然的依赖性也就越大,受地理环境的制约也就越大,也就越要让自己的文化适合于周围的生态环境,和其融为一体。

3.1.1 剖析环境,领悟真意

自达尔文时代以来,人类就视环境为总生命网,人是这一生命网的组成部分。因此,斯图尔德提出了生态环境决定生产活动、再决定生活方式的理论。其本质就是:文化与自然环境虽然是互相作用的,但是自然环境起着最终的决定作用,而且会引起深远的结果。

---

① 费孝通. 文化的传统与创造 [J]. 文艺研究, 1999 (03): 28—34.
② Łukasiewicz B J. Aristotle's Syllogistic from the Standpoint of Modern Formal Logic [M] // Aristotle's syllogistic from the standpoint of modern formal logic /. 1957.

以建筑为例，在农业社会中每个地区的建筑建造，首先受制于当地的气候，要根据当地的气候特点来决定建筑物是应该属于保温型的还是属于通风型的。然后，根据当地所出产物，来决定建房用的材料，往往是就地取材。最后，才是由当地的历史传统、文化习俗和审美观念来决定房子的造型与色彩。因此，不同的地理环境、不同的历史文化传统，具有不同的建筑风格和建筑式样。同样，其他的生产技术和生活方式也会受自然环境和传统的历史文化所制约。为了解江华瑶族长鼓的历史底蕴，我们的研究团队赴江华进行实地考察，拜访当地瑶学专家，了解瑶族的历史和文化，与当地非遗文化传承人沟通交流，了解长鼓和长鼓舞的来源与当地生活习惯（见图3-1、图3-2）。

图3-1　实地考察江华涔天河许愿民俗　　图3-2　设计团队赴江华沱江拜访盘上科

瑶族是古盘瓠部落的后裔，今主要居于广西、广东、湖南等地区。在瑶族传统文化生活中，流传着具有文化意义的代表性乐器长鼓和长鼓乐舞。它们通常用于瑶族重大的节日及宗教仪式上的表演，如祭祀瑶族先祖盘王的"还盘王愿"。长鼓和长鼓舞代表着瑶族人民的历史文化，并与社会生产生活有着紧密关联。

可以说，长鼓和长鼓舞是瑶族人民历史记忆的主要载体，是瑶族具有民族特色的文化的最重要标识。但目前长鼓文化空间被压缩，面临断代的危机。为什么很多非遗在生存上都很艰难？是技艺的问题吗？其实不然，一款产品，100年前是这个造型，10年前还是这个造型，到现在，依然没有变。100年前的审美和现在的审美难道还是一样的？显然中间有着非常大的差异，非遗需要传承的是技法，而不是一成不变的设计。非遗不应成为博物馆里的活化石，走进现代生活，才是非遗长远传承、真正活下来的方式。非遗需要被原汁原味地传承下来，但更需要创新，需要设计。在"真"的道路上，不止需要非遗的具体数据，更需设计者走入当地生活，了解非遗的核心价值，向外界表达非遗最真实的声音。

3.1.2 发现成因，引线穿针

事物有多种联系。例如苹果，有伊甸园中亚当、夏娃所偷吃的苹果，有掉到牛顿头上的苹果，有瑞士民族英雄威廉·退尔放在他儿子头上被一箭射中的苹果，有苹果公司商标中那个被咬了一口的苹果等。这样，在不同的语境中，苹果就有了不同的含义、有了不同的联系。美国气象学家爱德华·洛伦茨发现的蝴蝶效应，其逻辑基础也是事物间的密切关系：一只南美洲亚马孙河流域热带雨林中的蝴蝶，偶尔扇动几下翅膀，可以在两周以后引起美国德克萨斯州的一场龙卷风。

事物间的普遍联系为创意、创新提供了可能，而创意、创新则更进一步，形成新的意念和作品。正如乔布斯所说："创新就是把各种事物整合在一起。当你问有创意的人是如何创新的，他们可能会感到一丝负罪感，因为他们根本就没有创造什么。他们只是看到了一些联系。"创新是以理性思维为主脉，分析提取与设计目标本身具有必然联系的设计条件及因素，梳理并确定设计背后的规律，把握必然性之内因与外因，在设计创作中，按照理性的逻辑秩序提炼、推演、平衡设计目标的各项关系，并创新升华，使设计的创作研发形成有迹可循的发展趋势，并达成具有设计必然性的成果。非遗文创设计具有极强的针对性，它不可或缺地需要一个逻辑缜密的理论作为支撑。

瑶族传说资料浩如烟海，我们按照时间关系将其与瑶族民众口耳相传的故事相结合，整理出瑶族诞生与发展的三个故事——《盘瓠封王》《长鼓之源》和《渡海神话》。《盘瓠封王》的大意是：盘瓠帮帝高辛氏平定了犬戎入侵，立下大功，高辛以三百里地封之，并得高辛公主相配，当上了会稽侯，还与公主生下六男六女，长男随父姓盘。不过据《后汉书》的记载，盘瓠立功之后并未被封侯，娶高辛的公主则确有其事，但是盘瓠死后其子女得到了土地赐封。《后汉书·南蛮西南夷列传》的描述是："昔高辛氏有犬戎之寇，帝患其侵暴，而征伐不克。乃访募天下，有能得犬戎之将吴将军头者，购黄金千镒，邑万家，又妻以少女。时帝有畜狗，其毛五采，名曰槃瓠。下令之后，槃瓠即衔人头造阙下。群臣怪而诊之，乃吴将军首也。帝大喜。而计槃瓠不可妻之以女，又无封爵之道，议欲有报，而未知所宜。女闻之，以为帝皇下令，不可违信，因请行。帝不得已，乃以女配槃瓠。……经三年，生子一十二人，六男六女。槃瓠死后，因自相夫妻。织绩木皮，染以草实，好五色衣服。制裁皆有尾形。其母后归，以状白帝，于是使迎致诸子。衣裳班兰，语言侏离，好入山壑，不乐平旷。帝顺其意，赐以名山广泽。"[①] 不过，可以确定的是，盘瓠就是瑶族人民

---

① 范晔. 后汉书·南蛮西南夷列传 [M]. 北京：中华书局，1999.

祖祖辈辈崇拜的始祖。

江华瑶族中流传的《长鼓之源》的传说讲述了长鼓的起源：瑶族始祖盘瓠进山打猎，在追赶山羊时不幸被山羊抵落山崖身亡，盘瓠的十二个子女寻找父亲，最后在悬崖的泡涧树上发现父亲尸体，于是子女们追杀山羊，砍倒泡涧树，挖空树干做长鼓，剥下山羊皮做鼓面，打击长鼓为父亲伸冤雪恨。《渡海神话》的大意是：瑶族先民在与其他民族的战争中惨败，十二姓瑶人无奈漂洋过海迁徙，途中突遇狂风巨浪，船只七天七夜不能靠岸，于是瑶人祈求先祖盘王保佑，后来果然风平浪静，十二姓瑶人平安上岸后，就击长鼓还盘王愿以感谢盘王保佑。这两个传说反映的是瑶族人民快意恩仇、缅怀祖先的集体情感以及在经历艰难困苦之后形成的强烈的危机感和追求生存的愿望。长鼓舞正是这些情感的一种艺术化的表现形式，是瑶族历史、生产生活实践活动的投射与凝结。有学者指出，瑶族长鼓舞蹈文化主要由艺术、文学、宗教仪式等亚文化丛构成，它们以长鼓舞蹈为中心，在功能上互相渗透、互相联系、互为因果，有机地聚合在一起，组成了瑶族独具特点的长鼓文化。

3.1.3 从民间来，思归反哺

孔子云："礼失求诸野。"大意是说，思想源于民间。在上层社会礼乐崩坏的时候，我们还可以到郊外、到民间去寻求礼乐文化，民间有着丰厚的道德积淀。这虽是古意，但其道理同样可以用在当代非遗文创的创作实践中。在中国现代化进程中，大量非遗文化传统失去了丰厚的社会土壤，甚至被连根拔起，而民间蕴含着丰富的民俗本色，传统瑶区中的山山水水、房屋空间无不渗透着民俗文化思维。

当地的民俗风情、传说故事、建筑、绘画等不仅会给文创设计乏弱的肌体注入原始的生命活力，还能丰富文创设计的语言表现体系，这也使得非遗文创设计在多元化的今天稳健地向前发展。节庆风俗是瑶族传统文化中的重要组成部分，亦是展示瑶族各支系和服饰特征的窗口。图3-3是以瑶族节庆风俗作为主题的月历设计，以瑶族民间极具可识别特征的人物、场景和服饰等视觉元素进行创作设计，以叙事性设计、色彩心理学和肌理构成为指导理论，采用东西方融合的绘画语言形式，将瑶族传统文化与现代插画设计结合，融汇成独具一格的绘画风格，解构瑶族节庆风俗文化的内涵。最后应用在月历设计上，赋予其商品的价值和属性，旨在让受众直观具体地感受瑶族节庆风俗文化的独特魅力，提升使用功能的同时普及瑶族文化，增加大众对瑶族文化的认同和欣赏，将瑶族独特的民族魅力和民俗文化传承下去，起到从民间来、向民间去，思归反哺的作用。

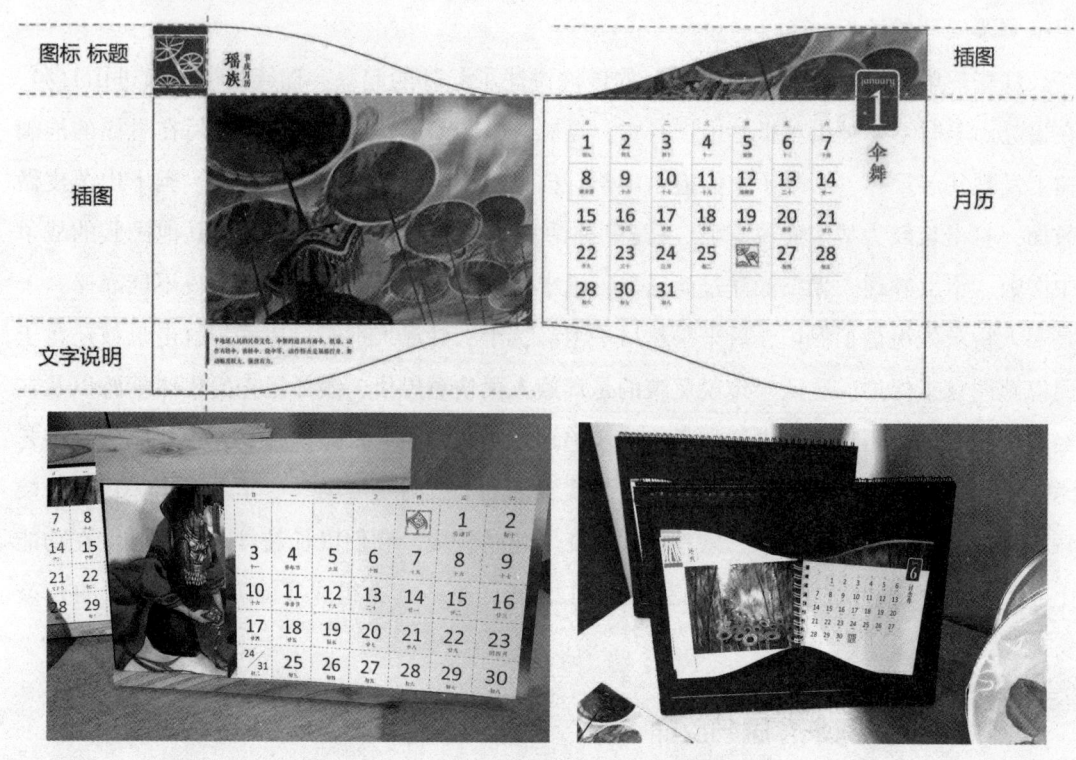

图 3-3　基于瑶族节庆风俗的月历设计

3.2　取材传真

瑶族，拥有悠久的历史和丰富的文化积累，在我国民族文化构成中占有重要的地位。主要分布在广西、湖南、广东、云南、贵州和江西六省（区）的130多个县，其中江华瑶族自治县是目前我国最大的瑶族聚居地。①

在创新设计过程中，挖掘瑶族文化内涵成为我们的首要目标。江华县唯美的自然景观、瑶族悠久的历史文脉、丰富的地域性文化等是本次设计思考的关键。项目初期根据创作的要求进行分析研究，制订出严谨的调研计划。我们通过在当地调研采风，从巨大的信息库中梳理出瑶族文化的基本分类，它们分别为：建筑文化、服饰文化、民俗文化、饮食文化、器具文化、宗教信仰文化、图腾崇拜文化、音乐文化、歌舞文化等。这也是创作前期必须要经历的提炼过程。从瑶族海量的文化元素中，将最具瑶族特色的文化元素提淬并创作升华为蕴含哲学思考的标志性文化符号，以抽象的语汇在设计中贯穿始终（见图3-

---

① 玉时阶．瑶族[M]．沈阳：辽宁民族出版社，2015．

4、图3-5)。

图3-4 寻访瑶族八宝被　　　　　图3-5 实地考察江华瑶族吊脚楼

3.2.1 基于历史，源于文化

在《易传》中，"文化"的意思是"以文教化"，即以诗书礼乐、道德伦序教化世人。在近年的文化学讨论中，对文化的理解基本上达成了一种共识，那就是把文化看作人类生存的样式，即社会生活的样式，是人类可以习得并承传的以物质实践活动为基础的各个领域中的创造。

因此，文化包括了人类所创造的一切物质文化、制度文化与精神文化。物质文化，是指物质生产生活领域的行为方式、价值观念与物质产品。制度文化，是指社会关系领域的行为方式、价值观念与相应的产品制度、规则、礼仪、风俗及机构设施。精神文化，是指精神领域的行为方式、价值观念与相应的知识体系、语言、艺术品以及设施等。文化的本质来源于群体生活发生和成长的历史：特定群体文明开始发生时形成的原始特征，包括集体记忆原型、习俗和整个群体生活的循环模式——可以比喻为特定文化的基因。而整个文化的发展传承则是原始的文化基因在特定的文化生态环境中获取资源、应对挑战而生成现实的文化形态及成长的历史过程。保护一种文化的生命力，就是保护这种文化的现实性和成长性。所谓非遗活态传承不是单纯地保存原始特征，而是要保护、培育成长机制，保护文化群体的生命力延续与表达。

从传统文化生命力的延续意义上谈论文化保护，实质上是在谈论文化创意。因为，非遗是一个非常宽泛的文化概念。从文学艺术到各种技艺、知识、民俗、信仰等，包括了差异很大的各种文化活动及其成果。各种传统艺术的活态传承核心或者说主要精神内涵，就是特定文化群体的集体审美经验。用美国社会学家雷德菲尔德（Redfield）关于文化传统的区分方式来说，作为一定历史时期和社会关系中主流文化内容的经典艺术和美学属于所谓"大传统";而像非遗这样通过集体活动仪式、口传等形态传承下来的活态文化则应归于乡民文化传统,即"小传统"。相对而言,小传统比大传统更具有感性和集体记忆的特征。作为小传统的审美经验,是由审美趣味构造起来的文化认同形态。实际上这类传统艺术文化作为活态传承的集体精神形态有特殊的文化价值,研究这些非经典的传统艺术文化有助于将当代美学研究的视域从个人体验扩展到集体记忆和审美认同,对于重新发现、认识非遗的活态传统精神有重要意义。

非遗的审美特质在于体现民间文化历史的美学力量,是集体记忆与审美思潮的内在生命力生生不息的表现。在非遗设计的前期资料收集中,我们主要通过调研选取了当代瑶族人的深层记忆点(见图3-6)作为主要素材进行设计提取。

图3-6 当代瑶族人主要文化记忆点

3.2.2 立足民族,连结工艺

民族文化创意产业有着鲜明的特征,它来源于民族文化自身"DNA"的独特性。民族文化是一个民族长期发展过程中形成的特有文化,因地域的不同,会表现出一定的文化差异性和延续。民族文化创意是以这些独一无二的民族文化为源泉进行的系统性创研。

日本的平面设计可以追溯至江户时代,随着浮世绘的发展,当时出现了手工描绘招牌。"二战"后,日本受到西方文化的激烈冲击,各种西方的形象、风格、元素涌入日本社会,和日本的传统文化融合并逐渐发展形成了独特的日系风格。在现代的日本设计史中，福田繁雄、龟仓雄策、田中一光等早期设计师及继任者作为日本设计的先驱和奠基者，在学习西方的设计风格时，也不忘大胆挖掘民族传统，用现代的观念和审美情趣审视传统文化的精华。他们将日本设计引向外界的同时，也保留了本民族的传统。在青木克宪最具代表性的设计《白熊清凉之夏》中，我们就发现白熊这组形象和美国的动画风格非常相似。与此同时，青木的设计也有其传统的一面。在2014年东京设计师周展出的北斋纸超人（见图3-7）和日本平面设计师协会策划的传统屋瓦展发表的作品中，他的构图大胆，极具视觉冲击力，并带有很多趣味诙谐的元素，打破了日本传统设计中"样式美"的风格，显得更像是江户时代的浮世绘样。

图3-7 北斋纸超人

文创产品的生命力的答案在民族本身。创新固然重要，但完全脱离民族基础的创新，便会失去设计的本真样态。一些文创产品在产业化过程中失败，正是因为其在设计传承中失去了在社会、生活、仪式等方面与原生环境的结合。

非遗不是独立存在的，尊重并且连结各个要点，再进行开发设计，才有价值。否则，最好的设计也可能丢失内核，因为商业化而变得面目全非。长鼓是瑶族文化的主要象征，蕴含着许多传统元素，包括神话传说、历史记忆、制鼓工艺等。其中，制鼓工艺流程又是瑶族民俗众多典故的出处。通过对长鼓的传说故事进行创新设计，可以对瑶族长鼓文化形成动态化的保护，并在保护中实现对民族文化的推广和传播。而且，从文创产品设计的角度切入江华文化产业的发展，将瑶族特有的民族文化融入产品中，不仅可以有效地提升产品的文化特征与历史底蕴，还可以使产品更具辨识度、创新度和竞争力，促进江华文化创意产业的内涵式发展。

3.2.3 风貌特色，传神妙肖

同质化现象严重是非遗文化创意产品受到广泛诟病的一个主要原因。创意产品的类型、设计方式、外观面貌大同小异，无法彰显其独特文化，导致吸引力下降、销量不高，无法使消费者产生购买欲望。以大英博物馆的文化创意产品"伦敦天空变色伞"为例，设计者运用了新颖的设计理念和技术，以博物馆著名大厅的顶部天花板样式为装饰花纹融入了伦敦桥和双层观光巴士等城市地标建筑图案。晴天时雨伞为黑白花纹，建筑图案隐藏不见。下雨淋湿后，伞面遇水会变为彩色花纹，伦敦地标也会逐渐浮现出来，给使用者十分新奇有趣的感受，成为大英博物馆最受欢迎的文化创意产品之一（见图3-8）。

图3-8 伦敦天空变色伞

国外博物馆在开发文化创意产品的过程中早已意识到"特色原则"的重要性。从实物层面观之，独特性是吸引观众购买文化创意产品的主要原因。何谓展现自身风貌特色的产品呢？麦克莱恩指出，抓住自身文化等同于抓住其"与生俱来的特殊文化情感"。博物馆既无固定的"产品"，也无一定的"顾客"形态或与之沟通的固定方式，因此需了解自身特色，然后传达给顾客，才能达到一定的营销质量。所谓"与生俱来的特殊文化情感"指的即为风貌特色以及观众在观展和体验过程中产生的特有感受，绝不是对文物的肤浅再现与随意拼凑。如图3-9所示的八卦时钟，仿佛只要使用八卦就是继承了文化传统，但是一无审美可言，二无功能性作用，只有令人眼花缭乱的表盘。

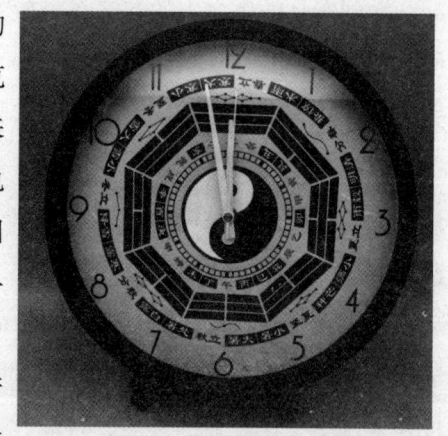

图3-9 八卦时钟

开发非遗文化创意产品的核心应在于"充分表达非遗的风貌特色"。要达到这一目的，设计师首先需深入研究、把握非遗的独特文化，如其文化艺术价值、通过设计想要达到的教育效果，才能研发切合非遗文化的独特文化产品，达到传播非遗文化、树立当地品牌、发挥教育功能的作用。

3.3 表现归真

表现归真，即要展示真、传承真。发展式、创新式的传承，提醒我们在非遗的传承过程中，无论口传心授还是文创设计，一定要让受众知道传统文化是什么，传统文化的核心、传统文化的精髓又是什么，以免在继续前进时，失去了非遗本真的样态。这要求对非物质文化遗产的核心内容及文化内涵加以深入解读，让人们了解非遗背后所蕴含的历史文化和社会生活价值。非遗本身蕴含着许多传统元素，在尊重并且传承这些地道元素的基础上，再开发设计才有价值。否则，丢失内核的非遗，只会因商业化而变得面目全非。

3.3.1 色彩提取，有本有源

色彩是非遗文创设计中不可缺少的部分，是受众最直接的视觉感受，是设计产品最重要的外观因素。色彩在一程度上最能够吸引消费者视线，左右消费者的消费选择，增强消费者的消费欲望。

位于湖南省江永县的勾蓝瑶水龙祠壁画是目前我国瑶族唯一的大型古代壁画遗存（见图3-10）。经研究发现，其兵将服饰形象主要由五色构成，诠释道教文化的同时，具有同形异色、搭配丰富的特征。画面中繁复的兵器、乐器与仪仗道具的色彩相互穿插，构成丰富而浓烈的画面效果，概括为青、赤、黄、白、黑五色。《逸周书》记："五行：一，黑位水；二，赤位火；三，苍位木；四，白位金；五，黄位土。"[1] 五行五色相对应，是道教服饰色彩的规范。有学者曾对现存的清至民国时期道教服饰实物进行梳理，发现道教法衣上用五色丝线刺绣五彩纹饰，蕴含了吉利与祥瑞之义。可见，兵将服饰的五色构成亦体现了其浓厚的道教文化。此外，瑶族"好五色衣"，起源于其始祖盘瓠身为"五色犬"，即红、黄、蓝、黑、白五色，与五行色彩对应，是瑶族服饰中的常用搭配，反映出瑶族的色彩审美与宗教信仰。

---

[1] 孔晁注：《逸周书十卷》[M]，上海：商务印书馆，1925：卷三.

图3-10　勾蓝瑶水龙祠壁画

　　各式各样的色卡中斑斓的颜色让人应接不暇，但只有了解每种颜色背后的意义，我们才能真正感概原来生命是如此缤纷美丽。中国传统色彩装饰艺术是在长期的历史文化发展中积淀形成的。西方绘画色彩鲜艳、追求对物体和景象真实性的再现，而中国画的色彩作为一种象征符号，与传统文化风俗、历史积淀以及宗教信仰等因素都有一定联系，以赤、黄、青、黑、白五色为正色，这与中国传统"五行说"有所联系。在瑶族人民的意识里，红色代表着生命，是瑶族人力量的源泉，白色和青色象征着大自然，而黄色则代表了阳光，反映出虽然条件十分艰苦，但瑶族同胞仍旧对生活充满了向往。瑶族人对色彩的选取具有深层的文化内涵，反映了他们内心的审美文化，是瑶族人民在长期历史发展中结合民族的审美观念得来的（见图3-11）。

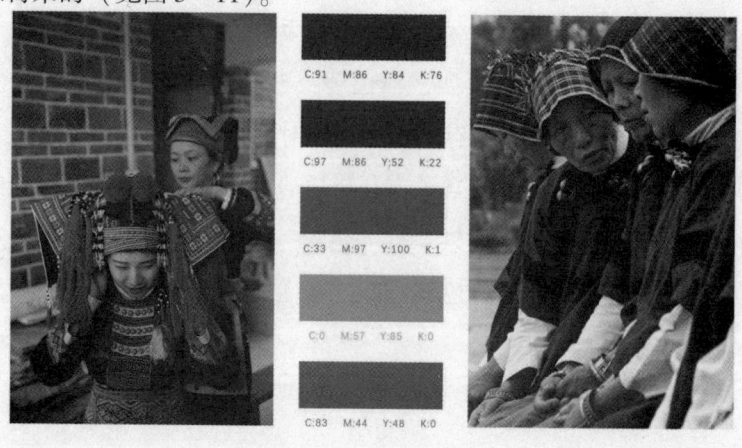

图3-11　瑶族五色衣

56

3.3.2 分析材质，鞭擗向里

材质作为造型和色彩的物质基础，有其独特的表达性和表现力。不同的材料体现不同的产品属性以及地域民族特色，对于材料的把握应该充分考虑其文化属性。材质带给消费者的视觉感受是由材料本身的质地、纹理、手感与光泽度等因素所决定的，这些因素与色彩、造型等因素共同影响包装的整体表达。通过包装的材质去提升包装的品质是首要选择，因为包装的材质用来承载并传递着大量的文化信息，应有效利用材质的特点去表现包装的独特性。

大英博物馆以罗塞塔石碑为原型开发了61种文创产品，既有书籍图录、微缩复制品和装饰摆件等传统产品，也有首饰服装、设计文具、生活用品、周边等各种衍生产品，甚至还有巧克力和玩具，基本覆盖了衣食住行的各个方面。在产品性质上，既有纯粹的复制品这类具有装饰功能的"硬周边产品"，更多的是生活类"软周边产品"。根据不同产品的材质属性特点，既有整体造型和图案运用，如拼图、镇纸、明信片和首饰盒等的设计；又有截取石碑部分图案进行挪用，其中34件产品都印有部分文字图案作为局部装饰，如扑克牌、笔、领带和背包等；也有将石碑造型和部分截取图案重新进行组合设计，如钥匙链和巧克力等。同样，台北故宫博物院的明星展品翠玉白菜摆件也是多件文创产品的灵感来源，其中尤以合拢后呈现翠玉白菜造型、打开后仿若莲叶，深具天青月白之美的翠玉白玉文创伞最为知名。

3.3.3 提炼符号，活态传承

康纳顿在《社会如何记忆》中指出，一个群体通过各种仪式塑造共同记忆，不仅是每一个群体成员私人记忆相加的产物，更是属于这个群体自身。人类所有的文化现象和精神活动，如语言、神话、艺术和科学，都是由各种经验通过符号的方式予以象征和表达。符号是人类种种生活经验的具体化，人们之间通过符号这一媒介彼此传递信息、表达意义，进而将自身对外在世界的体验传递给能够接受并理解这些符号的对象，特定符号系统扩散的过程形成了特定的文化群落。而符号提取是非遗文化创意产品设计中使用最普遍，也是最容易采用的一种设计方法。通过提取原型文物具有辨识度的特色纹饰、图案和造型特征，用平面设计的方式刻印、绘制在文化创意产品之上，创造出具有较高文化附加值和艺术审美价值的产品。

非物质文化遗产是一种"活态"的文化符号，它与人类的生存和发展密切相关，既是当地文化的象征，也是民族古老的生命记忆和活态的文化基因库，具有民族性特征。[①] 这

[①] 刘菲. 文化符号与非物质文化遗产传播研究 [J]. 东岳论丛, 2014 (7).

种特征不仅体现在表现形式上，也蕴含在内容之中。因此，不同民族的文化创意存在明显的外在差别和内涵差异。而非物质文化遗产无论以何种表现形式呈现，都是通过语言符号与非语言符号来构筑集体意识的意义世界。非物质文化遗产是人类在各种生活经历中积累下来的智慧，其发展与传承造就了文化符号的丰富性与多元性。

符号提取式设计主要分为整体运用、局部截取和解构重组三种方式。整体运用即将文物的整体造型与纹饰实行简化、缩化处理后改变材质运用于设计产品的外形塑造上。对于文物信息的保留和传达而言，局部截取不如整体运用全面而一目了然，这要求设计师对文物背后所蕴含的信息和文化价值有较深的了解，且自身具有一定的审美能力，能从众多文化元素中提取特色鲜明、有辨识度和美观性的元素用于产品装饰，以画龙点睛的方式实现产品的文化增值。如梵·高博物馆通过局部截取的设计方法，以梵·高的花卉名作《盛开的杏花》《盛开的桃花》等为原型开发了一批各种类型的文化创意产品，极具创意和美感；卢浮宫围绕馆藏展品《蒙娜丽莎》开发系列文化创意产品，也多采用截取部分图案并绘制于产品表面的方式。由于人们对馆藏的明星展品，如《蒙娜丽莎》和罗塞塔石碑印象深刻，以之为纹饰来源的产品可以省却说明；但是，对于不那么出名的展品，截取图案后容易使人迷惑，最好附上设计说明让消费者了解产品背后的文物信息（见图3-12）。

图3-12 局部截取类型文创产品设计

对非遗符号的解构重组是设计要求更高的装饰手法。仅截取部分图案不足以诠释展品的独特文化艺术价值，在这种情形下，充分解读文物内涵，提取其中多处特色纹样，结合产品功能和外观设计予以重组，是一种比较好的设计方法。本团队设计制作的海报《江华瑶族》（见图3-13），在形式上采用正负形的手法，正形为系着红绸的江华瑶族长鼓，负形为一扇正在打开的门，寓意门后是独属于江华的景色。盘王龙犬是瑶族的代表图腾，象征着瑶族人民的图腾信仰。位于海报两侧门上的图案源于江华县图腾广场图腾墙上的龙犬图腾符号（见图3-14）。在瑶区，"龙犬"图腾崇拜几乎无处不在，无处不有。作者根据其外形重新绘制，保留龙犬威严肃穆的神态特点，将龙犬图案置于门上，则是象征着在瑶族人心目中，龙犬始终是他们最大的庇护，也是江华瑶族的门面，具有深刻的文化内涵。画面中心的红绸寓意着吉祥。画面构成原则遵循简单的几何形组合，力图使整幅画面构图简洁大方，表达主题清晰。正负两形形成视觉的强烈对照，加强了画面的形式感。

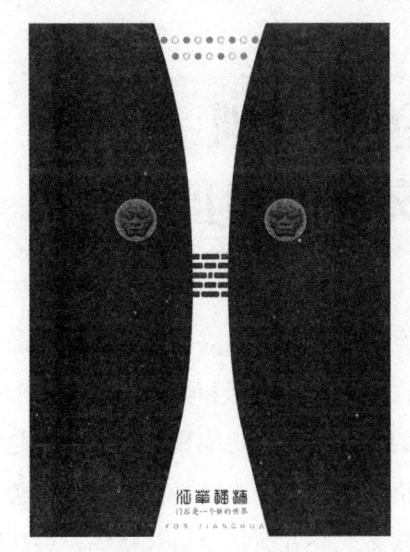

图 3-13　海报《江华瑶族》　　图 3-14　江华图腾广场上的龙犬图腾

第4章 意境致"善"原则
——非遗文创的价值选择

意境是东方传统美学和艺术的重要审美范畴，用以形容书法、绘画等艺术作品，所传达的是一种能使欣赏者产生感动和共鸣，却难以言表的独特韵味和境界。而文创产品更是一件复合化的产物，它除了具备一般传统意义上的产品的使用功能属性以外，更是承载了文化、价值观念等其他重要的内涵。于是，在这里我们增加了设计的倾向性——善。善是符合人们需求、满足人们愿望而达到的一种和谐状态。一方面是"取其精华，去其糟粕"，有针对性地选择适合的文化进行文创设计；另一方面是社会意义上对正确价值观与审美观的宣传教育作用。前者是对设计主题的选择，后者则表达了文创设计作为文化载体所应该实现的教育功能——将设计所处时代、所产生的正确思想观念在物中体现。

4.1 非遗文创本源循善

人是文创设计的本源主体，同时也是社会中人。因此，文创设计会受到社会道德规范的影响和制约，且一个成功的文创产品也会对社会产生直接的影响。人作为文创的本源更需要强烈的道德感与社会责任感，形成以致"善"为核心的伦理精神，使正效应形成，努力避免负效应的不良影响。

4.1.1 文化诉求，一以贯之

文化创意的要求和目标是创造新的文化产品。文化创意的基础是文化，文化创意的成果仍然是文化。文化创意所体现、所实现的文化，其发生影响、作用的仍然是文化。文化所体现的是精神化的人性。正如著名创意人李欣频所说：想要创造出感动别人的作品，首先必须让自己与那个你要创作的东西发生关系，找到那个感动的触点，然后想办法把自己的体悟，透过这个触点让别人也能感同身受，如此，你做出来的东西才会有生命、风格与特色。如果作品没有魂神，再美的形式都不会产生共鸣。[①]

---

① 李欣频. 十四堂人生创意课 [M]. 南宁：广西科学技术出版社，2010.

第4章 意境致"善"原则——非遗文创的价值选择

第一，文创设计要与民族文化和价值观念相结合。日本设计师居山浩二曾说：当我和客户合作一个专案的时候，我并不会有意识地在自己的设计中融入日本本土的文化和价值观。但作为一个日本人，在我成长的过程中，日本的文化和审美中细腻微妙的情感、华美精巧的细节以及对于留白的使用，也许在我意识之外已经悄然融入了我的笔触，成为我作品的生命力的一部分。在进行mt品牌纸胶带设计时，他坚持把世界知名的艺术家们的作品与日本的传统图案融合，在日本土生土长的他不自觉地将日本的文化展现在自己的作品里。在其所监制的mt展览上，处处挂满各种mt纸胶带，这可以"让顾客感受到它的功能上新的可能性"。销售区放置了许多具备当地特色的限定款和经典款。mt广州展共有5款限定款，其中2款的主题灵感来源于方所书店的"空间"，以"书本"为主元素的图案展现方所以书为主体的阅读空间，而"色块木纹"元素则是设计师们从方所的展览空间中，从装潢材质和色调中摄取到的创作灵感。余下3款则是以广州和岭南文化为主题，广州"五羊传说款"、广州市花"木棉花款"以及岭南特色水果"荔枝款"，非常具有城市地域特色。此外，为了让体验者感受到使用胶带的乐趣，mt设置了体验区，并提供免费使用的纸胶带，体验者在体验区可以随心所欲地使用（见图4-1）。

图4-1 居山浩二纸胶带展览

第二，文化创意应当表现人的普遍愿望，使这些普遍愿望得以达成。我们看下面这些著名的广告语：眼镜店——眼睛是心灵的窗户，为了保护您的心灵，请为您的窗户安上玻璃；公共场所禁烟——为了使地毯没有洞，也为了使您的肺部没有洞，请不要吸烟；公路交通——如果您的汽车会游泳的话，请照直开，不必刹车；汽车陈列室——永远要让驾驶执照比你自己先到期；交通安全——请记住，上帝并不是十全十美的，它给汽车准备了配件，而人没有；化妆品公司——趁早下"斑"，请勿"痘"留；轮胎——任劳任怨，只要还有一口气；汽车——它唯一的缺点是即使时速140千米时，你仍听得见在后座的丈母娘唠叨的每一个字；旅游公司——还不快去阿尔卑斯山玩玩，6000年后这山就没了！这些广告语宣传的都是物质性的东西，但都和人性相关，都搔到了人们心灵的痒处，是对深藏在内心深处的愿望的发掘和昭显。这些广告语诙谐、生动，利用间接含蓄的方式来表达一种关爱与温情。对这些意思的理解，也需要读者智慧的参与：读者领会了作者的意思，会心一笑，于是认同了作者的说法。

  对于不断追求发展的社会、民族乃至人类而言，无论任何时候，自身的文化都是最为至关重要的部分。如何定义非遗文创设计中所蕴含的文化，是一个复杂而并无定规的问题，因此存在着许多答案。我们在这里仅提出一个思路：在全球化背景下，民族设计创新应以不断追寻新的民族设计个性为重要取向并张扬其浓郁的特色。为此，需要实践多重超越，即在设计本体方面超越不适应当代审美需求的模式；在认识上超越狭义的民族主义与文化屈从性，重视创新与深层次的自我探析，并融入多元共生的新的文化生态之中。在具体的设计实践上，实现双重超越，一为吸取与消化本民族以外健康而有益的东西，在横向上穿越诸多域限，不断跨向新的境界；二为植根于传统优势而又有所突破和挺进，实现纵向提升。这种创新，应该跃上更高、更广的平台，在社会的评判和取舍中获得文化认同与审美价值认同，不断将本民族文化区域的资源转化为人类共有的资源。而富有创新性与高品位的民族艺术，必须要适合当代人的生存与发展，要符合当代人追求自由与幸福的和谐旨趣。

4.1.2 审美观念，雅俗共赏

  审美是具有层次性的，既有生理、心理层次上的审美，也有精神、意识层次上的审美。与生理层次的审美需要相对应的审美价值一般由对象的感性形式直接产生。当人们看到一朵鲜花不禁脱口而出"美"时，这朵鲜花便已对人产生了审美价值。在主体方面表现为感官上的愉悦，这是主体的感性审美需要得到满足的标志。实际上，这朵花无人观赏时，它是拥有某种审美属性之物，但它的美丑与否是无从谈起的，因为美丑问题只存在现实的审美活动中。与心理层次的审美需要相对应的审美价值一般由对象的形象产生。当对象的形象对主体表现出某种情感时，形象就是一种"情感的形式"或"有意味的形式"。主体在对这类对象的审美活动中，心灵产生波动，兴趣被激发，获取的是深入人心的悦享，这是主体心理层次的审美需要得到满足的标志。传统文化虽然因为其陈旧的样式和植根在大众中的固有印象而塑造出一种清晰却无法越过的界线，但凭借现代设计，我们可以模糊传统与现代的边界,重塑审美观念。

　　雅俗共赏并不是指无条件、无差异的共赏,它是在一定的前提条件下,才能实现的审美价值。两者本身并没有明确的分界,而是雅中含俗,俗则通雅。近年来,与传统概念文化境况形成巨大反差的是"俗"文化的大流行,一反社会常态,"俗"文化在资本市场的加持下对"雅"文化产生了巨大冲击,"雅"文化在宣传下,加速转化为大众接受的"俗"文化。显然,随着大众认知水平的提升,审美观念不断更新变化,随之而来的是雅与俗之间的界限的模糊,没有恒久的"雅",也没有永远的"俗"。在不同的领域当中,人们将它们赋予了一定的内涵,而这些也往往包含着人们对其专业领域的认知以及个人的感情色彩。譬如文人雅士更青睐那些表达心境、意境,推崇"天人合一"境界的画作,大众则会被反映劳苦大众生活并具有极高人文内涵的作品所吸引。因此,明确地区分雅俗之别是不可取的,艺术作品中雅俗观的嬗变经历了一个漫长的历程,二者关系也流动多变,所以说雅俗合流是艺术审美发展的必然趋势。人类社会发展到今天,多种艺术形式都是相通的,甚至有一些文化或是艺术品本身就是这种渗透融合下的产物,我国的剪纸艺术就是一个典型的例子。伴随着生产力的发展,一些原本多见于上流社会的文化载体变得平民化,精致的年画、窗花以及其中蕴含的丰富寓意,这些原本贫苦人家可望不可即的雅,变为了走入千家万户的俗。百姓的剪纸上出现了蕴含"祥龙戏珠"寓意的精致图案,年画上也多了"多福多寿"的美好愿景(见图4-2)。再比如当下流行的嘻哈说唱文化,其实就是新时代下文学与音乐相融合的产物;还有当下流行的波普艺术,作为主要源于商业美术形式的艺术风格,也可以说是艺术设计同快餐文化结合的产物,最终为商业服务。

图4-2　丰富多样的剪纸艺术

树立"雅俗共赏"的美学观，首先得重视向民间创造学习，同时对具体作品要具体分析。对偏雅的主体，不能要求它像乡土民间设计一样通俗，而对一些地方性题材作品，则不能要求它像阳春白雪般雅致，致其失去浓厚生活气息的特色。

4.1.3 创意理念，打动人心

就最广的意义而言，文化创意也可以是一种发明。有位诗人十分同情街边的一个乞丐，但诗人自己身无分文，便给乞丐写了句话让乞丐放在身边。过往的行人看到这句话后便纷纷慷慨解囊，一句话胜似任何的乞求。这句话是：春天已经来了，可我却什么也看不见。诗人创意性地将乞丐的命运与当下的环境联系起来，进而让乞丐的命运与过往行人的生活产生强烈的对比，从而打动每个人。这个创意的文化性，就在于它能够动情。这位诗人所书的话语，具有打动人心的作用。这种打动人心的作用，就是诸多文化创意成果得以成功的根本原因。

人非草木，孰能无情。晓之以理、动之以情、诱之以利、娱之以乐，是文化创意产业的基本法则。这样的法则看似简单，但"运用之妙，存乎一心"，真要实施起来，又不是一般人能做到的。在这里，我们有必要打破思维的束缚，让我们的思维飞扬起来，让每一个人都成为创意者，让每天都成为创意之日。文化的创意，就是依据各种文化资源创造出本没有的文化产品和文化成果。而这个创意，可以是一部鸿篇巨制，也可以是一个小品涂鸦；可以是多年劳作的结果，也可以是一时妙手偶得，只要有创意，任何作品都是美好的创作。近些年，故宫博物馆开发了一批融入文化创意元素的周边产品，一改科技产品冰冷和纯粹理性的外观，带给消费者更多的情感触动。网络销售火爆的"朕知道了"纸胶带、"朕就是这样汉子"雍正御批折扇、"如朕亲临"行李牌等创意产品，其设计看似只是简单挪用御批文字，但文化标识十分鲜明，诙谐愉悦的情感设计轻易将人引入历史情境，因而广受消费者喜爱。

文化创意产品的故事来源有两种，一是利用原型文物本身的故事，二是融入文物在流传过程中发生的故事。如英国一家博物馆的一件拼图类产品，表面看只是普通的拼图，将来自英格兰的骑士们组装完成后，转动纸板手柄，战斗即将开始！给消费者耳目一新之感，使产品在一众选择中显得与众不同（见图4-3）。

图4-3 英格兰骑士机械拼图

4.2 非遗文创选题择善

索绪尔认为，任何符号都包括能指和所指。能指是一个有实体的存在物，比如文字、形象或声音。所指是指语言所反映出的事物的概念。能指和所指相结合的过程就是意指，符号就是意指系统。一个民族或国家的形象，很大程度上是通过符号来传播的，而这个符号就是文化符号。民族语言、文字或影像通过能指的本身实体传达承载的所指含义，这就是将民族形象符号化传播的过程。负面的形象会让人们对这个国家及其民众的所有相关信息和行为的认知和评价产生敌对性、排斥性和刻板印象；而正面的形象则往往使人愿意用更理解、更亲和、更接纳的方式对待该国及其民众的信息和行为。因此，要审慎选题，从源头上把控文化符号与文化内涵，同时具备不断随时代更新的能力。对于瑶族而言，瑶族传统文化是万千瑶族人的民族基因，是瑶族人民族情怀的载体。目前湖南江华瑶族的长鼓舞文化存在较为严重的生存与发展危机，其保护推广任重而道远，为瑶族人民和热爱长鼓文化的人设计出既能寄托民族感情又能陶冶艺术情操的瑶族长鼓，为江华打造高品质、创新性的具有瑶族特色的文创产品，是我们的源头和归宿。

4.2.1 取其精华去其糟粕

一组数据显示，2018年博物馆参观人数已达10.08亿人次，其中"90"后占43.2%，"95"后占24.9%——古老的博物馆正在变得越来越年轻（见图4-4）。

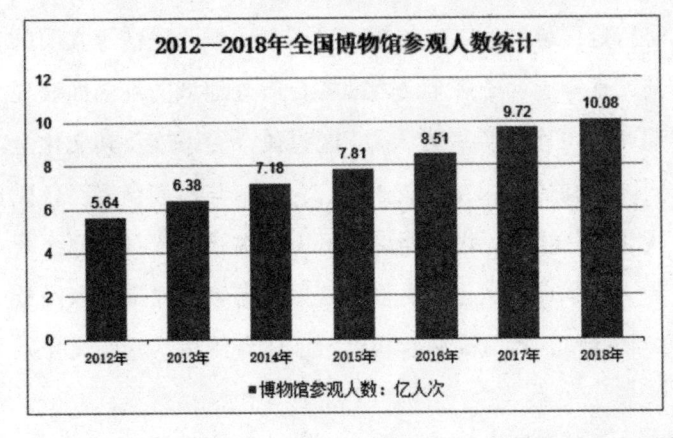

图4-4 博物馆参观相关数据

与此同时，博物馆文创周边产品发展势头迅猛，博物馆的"带货"能力也越来越强。不过，在商机与利益面前，吐槽与尴尬齐飞——为了卖萌而卖萌，为了文创而文创，加之国内文创市场尚处于早期阶段，授权混乱、产业链条不畅、从业者素质高低不一，出现创意匮乏、品质平庸甚至闹出笑话的作品并不令人意外。但是，结果却是消费者来买单，更甚之的是给青少年造成思想的错位。卖萌与带货毕竟不是博物馆进行文创产品设计的目的，传承文明才是，不能为了适应形势、市场需求而忽略了文化背景与传承文明的作用。在这方面，国内外都有他山之石可供参考。故宫博物院作为开此风气者，提出开发产品三要素：故事性、传承性、元素性。正如前任院长单霁翔所言：博物馆要有尊严地进入市场。

作为瑶族文化的明珠，长鼓文化使长鼓超越了器物的使用价值，具备了艺术价值、文学价值、人文价值。作为祭祀器物的长鼓，它满足了瑶族人民缅怀先祖、崇拜祖先的群体社会心理；作为舞蹈乐器的长鼓，它反映了瑶族人民吃苦耐劳、追求美好生活的美好品质。当瑶族长鼓由祭祀器物转化为舞蹈乐器时，长鼓也由瑶族人民的精神象征物转化为了一种生活方式，一种文化形态，一种历史情感，其作用和意义也就发生了巨大转折。正因为如此，长鼓文化才可以作为瑶族民族文化的一个典型加以保护和发展。据调查了解，目前江华瑶族的长鼓文化存在较为严重的生存与发展危机，主要表现为：其一，许多现存瑶族长鼓老旧，即使一些盛大节日中出现的长鼓也缺少视觉上的吸引力；其二，长鼓文化的继承者大多较年长，年轻一代掌握长鼓技能、熟悉长鼓文化的不多。对瑶族长鼓进行创新设计，具有唤醒更多瑶族青年一代对长鼓的历史记忆，保持长鼓文化生命力的重要价值。

4.2.2 探析地域民俗文化

地域文化是在世界范围内，某一特定区域的人民在特定历史阶段与环境相融合创造出的最能体现该区域特点的文化。它是特定区域的生态、传统、民俗、习惯、风情等文明的表现，是文化形成的地理背景。目前，地球上两千多个民族因各自所处地域的不同而表现出形态各异的民族文化类型。正所谓"一方水土养一方人"，这些独特的民族及其文化是基于特定的地域环境而养成的。中国国土幅员辽阔，覆盖面极广，人口与民族众多，各民族间的文化差异尤为明显。例如，西北地区辽阔无垠；西南地区山水纵横；青藏高原严寒高拔。西北地区历史悠久、地域广阔，它孕育的文化在质朴中潜藏着博大；西南地区民族众多，山川纵横，这里的文化显得细腻抒情；青藏高原起伏跌宕，庄严静穆，它的文化则处处透着神秘和诱惑。

非遗的地域性是其重要的特征之一。地域性在某种程度上比民族性更具狭隘性或专属性，并具有极强的可识别性。由于许多极具地域性的民俗、文化及艺术品均是在与世隔绝的状态中发展演变而来的，因而其可识别性是非常明确的。不同地域的非遗文化，会传达截然不同的地域文化的直观印象，也对应于差异性的审美认同。比如，地域标志性的传统文化象征物和艺术形象以及纹样图案、配色风格等。非遗文创设计忌讳千篇一律,因此这些元素需要在设计中画龙点睛。在设计上、情感上、体验上进行不同以往的新的尝试,需要将中华民族传统元素用现代的审美意识加以改造并进行创新,在传统民族文化与现代社会审美中寻找平衡,更多地赋予其内涵、文化和情怀。如图4-5所示,主图由江华瑶族八角花为主要依据进行提取和重组,结合江华传统服饰纹样盘王印图案,进行内部纹样再设计。

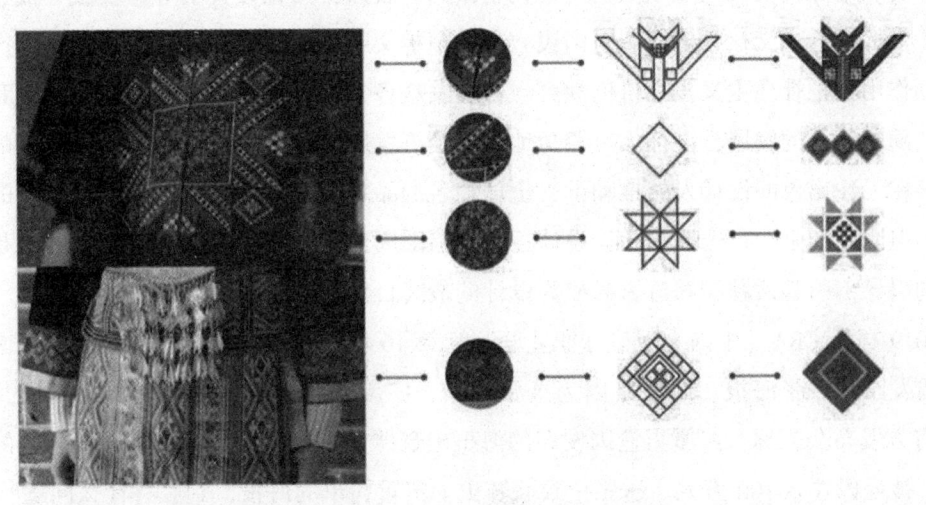

图4-5 江华瑶族八角花结构提取和重组

从民族文化的深层意义上去思考,经典性民族艺术作品是一个民族群体人文智慧的结晶,是一个民族发展上升到某一阶段时社会群体的精神世界最富表现力的反映。所以,无论在艺术表现形式上,还是在文化根基与审美内涵上,它的典范性往往都是十分卓越的,它会以其丰富的民族文化底蕴和艺术魅力滋养并影响几代人。因此,非遗文创设计需要吸纳本地的、民族的、风俗的风格以及本区域历史所遗留的种种文化痕迹。

非遗文创主题择善确定设计大方向,其核心价值理念在于文创产品是否能为消费者带来正影响,导向正方向。

4.3 非遗文创价值扬善

设计从一开始就存在其价值导向。设计师是站在一个思考者、宣传者的立场,对现有的工业产品的现状和社会进程进行反思。基于人类对美的共同追求,设计渐渐受到社会重视,成为社会发展和经济发展过程中的一个重要议题。

4.3.1 坚守社会主义核心价值观

中国现代设计需践行社会主义核心价值观。富强、民主、文明、和谐是国家层面的价值目标，自由、平等、公正、法治是社会层面的价值取向，爱国、敬业、诚信、友善是公民个人层面的价值准则。习近平同志在十九大报告中指出，要培育和践行社会主义核心价值观，要以培养担当民族复兴大任的时代新人为着眼点，强化教育引导、实践养成、制度保障，发挥社会主义核心价值观对国民教育、精神文明创建、精神文化产品创作生产传播的引领作用，把社会主义核心价值观融入社会发展各方面，转化为人们的情感认同和行为习惯。随着经济的发展，设计无可避免地融入经济发展的过程之中，成为商品推广的一种手段。在无数出色的设计人的推动下，全球知名的品牌利用设计打造了一个又一个的商业王国。但讽刺的是，这个风潮却让设计逐渐身陷囹圄，许多设计失去其批判性的或是来自正面的引导，引起话题和潮流风尚成为设计的最终目标。

2019 赛季 CBA（中国男子篮球职业联赛）第 16 轮，浙江广厦俱乐部在与八一南昌队比赛前发布了一张海报。而正是因为这张海报，广厦队收到了 CBA 史上最严重的罚单。CBA 官方发布公告称，广厦男篮因发布的海报出现严重不当信息，造成了极其恶劣的社会影响，被处以罚款 100 万元。这张招致联赛史上最重罚单的海报，到底有什么问题？

首先，根据《中华人民共和国英雄烈士保护法》（以下简称《英烈保护法》）第二十二条，英雄烈士的姓名、肖像、名誉、荣誉受法律保护。任何组织和个人不得在公共场所、互联网或者利用广播电视、电影、出版物等，以侮辱、诽谤或者其他方式侵害英雄烈士的姓名、肖像、名誉、荣誉。任何组织和个人不得将英雄烈士的姓名、肖像用于或者变相用于商标、商业广告，损害英雄烈士的名誉、荣誉。公安、文化、新闻出版、广播电视、电影、网信、市场监督管理、负责英雄烈士保护工作的部门发现前款规定行为的，应当依法及时处理。①

对《英烈保护法》有所了解后，我们再看这张海报：以经典的红军战士头像为基础，把脸修改成了球队的吉祥物狮子头 LOGO，并配文"落后要挨打"。此外，设计师还给海报上球员的形象加上了红领巾。海报中的诸多元素，显然都有违《英烈保护法》。从 2019 年开始，CBA 兴起的"海报大战"和各队官方社交媒体上的互动，显然成为了球迷们喜闻乐见的联赛重要组成部分。在此过程中，也的确涌现出相当多精彩又有内涵的赛事海报，但无论怎样创新，有些底线始终容不得一丝一毫的触碰。目前非遗文创设计所需要的，是重新唤起并继续坚持向上的精神。

---

① 李忠. 英雄烈士保护法对哪些行为说"不"[J]. 时事报告，2018（6）.

中国优秀的传统文化是中华民族的底气和骨气，是最深厚的文化软实力，只有在传承过程中才能不断推陈出新，革故鼎新。因此，坚守社会主义核心价值观，在新的历史条件下推进文化建设，对巩固和增强国人的文化自信具有举足轻重的意义。

4.3.2 弘扬中华民族传统美德

"仁、义、礼、智、信"是中华民族传统美德的核心价值理念和基本要求。扶贫济困是中华民族的传统美德，我国将每年10月17日设立为"扶贫日"，对于弘扬中华民族扶贫济困的传统美德，培育和践行社会主义核心价值观，动员社会各方面力量共同向贫困宣战，继续打好扶贫攻坚战，具有重要意义。

改善民生，消除贫困，逐步实现全体人民共同富裕，是社会主义的本质要求。改革开放以来，我国扶贫开发取得了举世瞩目的成就，为人类减贫事业做出了巨大贡献。习近平强调，全面建成小康社会，最艰巨、最繁重的任务在贫困地区。而江华瑶族自治县，既是湖南省唯一的瑶族自治县，也是国家级贫困县。由于少数民族地区人口整体文化素质偏低、传统民族文化习俗地区差异较大以及地域偏远、交通不畅等原因，导致少数民族地区在脱贫与城市化进程中所面临的难度更大。这使得少数民族区域的脱贫仅靠自身是远远不够的，需要政府、社会以及相关组织机构给予更多的帮助。

少数民族文化中的装饰元素可用于现代设计，我们可以将其民族特色纹样引入产品设计。传统元素在当代民间的活用，完成了传统到现代的初步提取与转换，因而与现代艺术设计可以便捷地实现实验性的结合。可以说，开发少数民族衍生文创设计的空间非常大。扶贫不仅要扶物质，也要扶精神、扶文化，我国许多少数民族地区都拥有特色突出、数量众多的优秀非遗文化资源，却鲜为人知，甚至因无人问津而渐渐消失。"授人以鱼不如授人以渔"，通过挖掘少数民族地区优秀文化资源，设计文创产品并培训贫困农民掌握相关生产与职业技能，起到"扶智"的作用，增强贫困农民"造血"功能，为拓宽就业领域和就业范围提供保障，实现扶贫工作从单纯侧重物力资本投入到同样重视个人能力提升的转变。可以说，"设计扶贫"可促进贫困农民整体素质和可持续发展能力提升，带动其走上技能就业、技能增收之路。因此，通过对江华瑶族文创产业的开发，将商业开发权转让给政府，扶持当地劳动者参加生产开发，有序合理增加就业岗位，充分发挥人力资源丰富的优势，是深度贫困地区脱贫攻坚、精准扶贫的重要方式。贯彻落实中央扶贫工作，必须做好江华瑶族自治县的富余劳动力就业工作，让少数民族群众切身感受到党的关怀和祖国大家庭的温暖，持续巩固民族团结的好局面，确保实现社会稳定和长治久安的工作总目标。2016年始，中南大学以江华瑶族自治县非遗文化资源综合开发利用作为对口扶贫的方向，发展文化、旅游等第三产业，努力为贫困地区各族群众提供更多就业岗位，实施了江华瑶族文创产业设计开发工作。

文化源于生活，又回归生活、装点生活，以单纯的工艺技艺作品的形态，完成反哺的过程。

4.3.3 承担文艺创作的道德担当

新时代的文创产品应该是什么样子的？在2019博物馆馆藏资源授权峰会上，文博界的代表们达成了共识——新时代的文创产品，应充分发挥滋养教化作用，体现价值追求，展现精神气质，坚定文化信念，浸润人们的心田，潜移默化激发爱党爱国、向上向善、追逐梦想的蓬勃激情，更好地丰富我们的精神世界，提升我们的道德修养。

由此，文化创意产品的设计就需遵循"深度原则"，一是指产品设计要具有文化深度，而非仅注重由外观意象而来的文化信息；二是指产品的设计需要符合文艺创作的教育宗旨，有传递文化与道德教育之用。2015年，北京故宫文化创意产品掀起销售热潮，在一片赞许之声的背后，也有学者提出不同意见，认为类似于清宫戏的"卖萌类"产品过于迎合市场，有违博物院开发文化创意产品的根本宗旨。

台北故宫博物院在2019年度合作开发厂商说明会公告中提出了对博物院开发文创产品的建议，在"授权与文创——合作开发与委托承销"部分列出了不建议合作方开发的产品。由此看出，台北故宫博物院已经开始对麾下的文创产品进行"自我更新"和"产品迭代"。如果说1.0版本的博物馆文创以潮流化的设计和贴近生活的产品将博物馆带入了大众视野，那么2.0版本的博物馆文创产品势必要在提升品质和文化宣传这两点上下功夫了。因此，设计具有文化价值的文创产品，举办具有教育意义的文创活动应该是基本的原则，至于能否吸引年轻人的注意力，能否营造社会热点话题，都应该是处于第二阶段的营销手段。随着整体教育水平不断提高，人们的眼界逐渐拓宽，大家对于文创显然有了更高的需求，简单地迎合市场、追逐潮流，很可能会失去非遗所固有的品质与文化。

图4-6 台北故宫博物院文创商品区

因此，文化创意产品必须展现蕴含于文物中的深度文化内涵与魅力，塑造人文艺术情境，从而延伸过去的生活、文化与记忆，传递文化艺术与专业知识，达到辅助教育和传播的目的。文化创意的作用，不仅仅是创造出一种新的文化意念和文化产品，还要通过这种创造，实现对现实生活的改变，尤其是对精神生活的改变和对人自身的改变。在这种改变中不断完善、不断提升生活，特别是精神生活。虽然在具体的文化创意活动中不一定显示出明确的目的，但我们不能否认的是文化创意是有着很强的价值取向的，它必须合乎道德、合乎人性、合乎公共利益、合乎社会的发展方向。只有这样的文化创意才是有益的。

第5章 设计达"美"原则
——非遗文创的创意需求

瑶族作为中华民族大家庭的重要成员，所特有的悠久历史、丰富文化和鲜明的地域特色为非遗文创设计带来了诸多艺术灵感和创意思路。本章以江华瑶族自治县非遗文创设计项目为例，构建文创设计之美。

5.1 传承济美

传承济美是指继承本民族原有的优秀民族文化，旨在探讨如何用文创设计继承与创新非遗文化、发展非遗文化。它是以传统文化为根本，以设计为核心理念的民族文化专属性设计创研。传承济美提出进行民族文化产品研发，应将民族文化转化为强大的生产力，以增强市场竞争力，提升民族文化的影响力，最终使民族文化在现代社会发展中得以传承并壮大。

5.1.1 承上启下，不陨其名

"不积跬步，无以至千里；不积小流，无以成江海。"中国古老的文化承载至今，历经了上下五千年之久。我国民族文化要发展要传承，而传承的过程更需要连续。若凡事都从刀耕火种重新做起，人类文明就不会出现今天的大进步。中国的民族文化极为讲究"师承"，大到宫殿楼宇，小到三餐饮食无不如此。

当下，很多非遗正挣扎在生存线上，是技艺的问题吗？其实不然，一款产品百十年造型不变，但是百年前人的审美和现代人的审美是不同的。中间存在着巨大的鸿沟，非遗需要传承的是技法与文化内涵，而不是一成不变的造型设计。非遗不应成为置于博物馆展览的活化石，融入现代生活才是非遗长远传承、真正活下来的方式。非遗需要被原汁原味地传承下来，但更需要创新，需要设计，需要走入寻常百姓家。

非遗文创设计，不仅仅是对非遗文化的继承，更重要的是在保护、传承非遗文化的同时，充分利用各种相关文化资源通过设计来发展和创新非遗文化。继承非遗文化并不意味着做传统文化的搬运工，而是要深入地挖掘和学习传统文化，在此之上提出创新的发展思路，以求神似而非形似，力求对传统非遗文化做出超越与突破。之后，在研究民族文化继承与创新关系的基础上提出切实可行的创新型解决方案：为非遗文化及文化创意产业的发展提出新的研发方向、设计计划、实施方案，以设计结合可持续发展的知识经济模式，推动民族文化发展与创新。同时设计本身也需要不断优化创新，才能成为推动民族文化发展的强大利器。

5.1.2 列其行事，次其时序

由于种种社会原因，我国的民族文化出现了某种程度上的断层，对于文化的继承也并不系统、完整，是一种割裂的状态。目前，"文化是碎片式的，设计也是碎片式的"，我们需要重拾这些文化的碎片，让其更加完整、系统，良性地向前发展。我们不仅要重视对研究对象——民族文化资源的系统挖掘，更应重视研究方法、实施方法的系统性、逻辑性和合理性。唯有这样才能使民族文化与文化创意产业有机结合，进行深度的资源整合，实现高效、系统、快速的发展。

江华瑶族长鼓舞是国家级非遗保护项目，就其长鼓而言，江华地区拥有悠久的制鼓技艺，但却鲜为人知。其实，制鼓过程承载了丰富的民俗文化，可以通过江华瑶族长鼓制作流程的文创装饰画，将江华瑶族长鼓制作的技艺推广出去，让更多的人通过了解瑶族长鼓文化来了解江华。如图5-1所示，本套关于江华瑶族长鼓制作的文创装饰画设计，运用卡通化的传承人形象，以图解的形式将江华瑶族长鼓的制作流程与特点一一展示出来，使江华瑶族传统制鼓流程技艺得以更好地推广传承。

就非遗保护的原真性而言，外界期望传承者能够更多地保留传统，无论是工艺技法，还是创作题材内容。作为一个非遗的诠释者，或者说利用设计语言来诠释非遗的行为，虽不及学术研究的专深，但一定也离不开物质遗存所直观传达的信息。五年来，笔者团队二十余次赴江华瑶族自治县，走访了大石桥乡井头湾村、湘江乡桐冲口村、湘江乡中央新村、大圩镇宝镜古村等22个乡镇，收集整理了大量的相关资料，旨在更广范围，获取一手素材。通过走访非遗传承人，亲眼观摩长鼓从选材到成形的整个过程，加以概括和元素提取，选取了16个步骤来进行图案设计，由此设计了16幅系列装饰画。在画面的设计上采用简单扁平的方式处理结构变化，多采用偏几何的元素对物体加以概括，同时又不失所要表现的内容。在色彩的搭配上，使用高纯度高明度的颜色来使画面更生动有趣、简洁清新，使之符合现代人的审美要求。在制作工艺上，利用不织布拼贴的手工艺来使画面更有层次感。

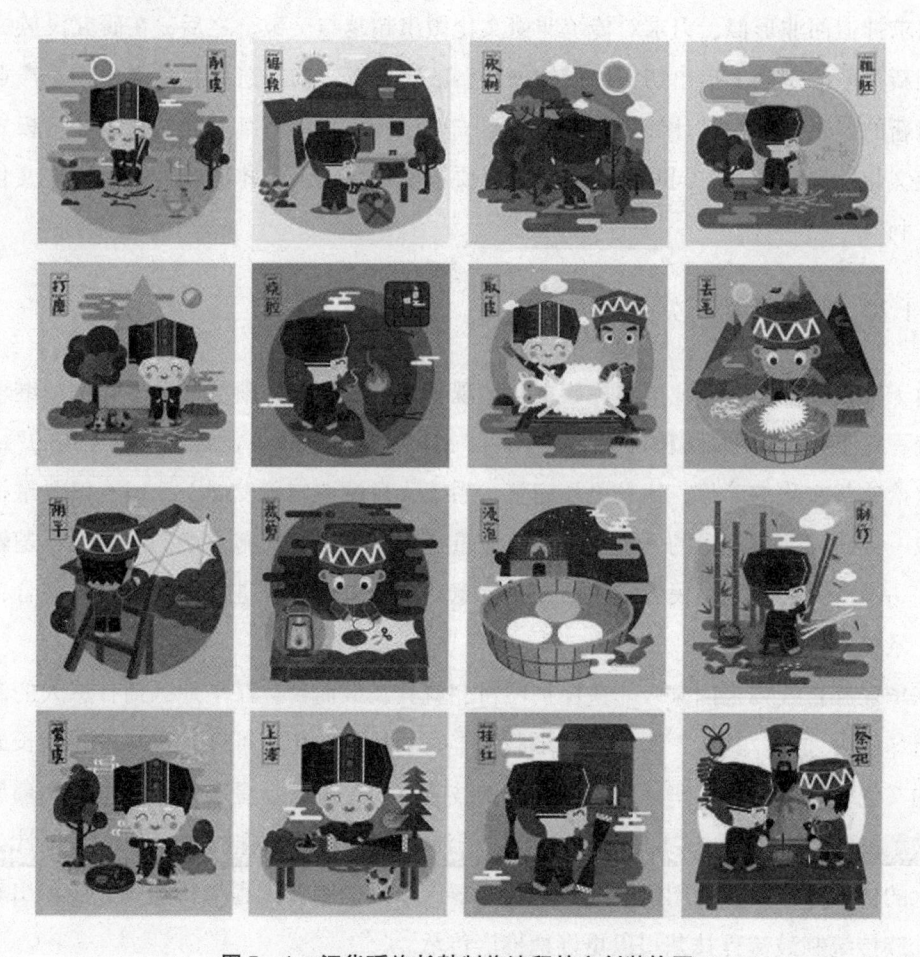

图 5-1　江华瑶族长鼓制作流程的文创装饰画

5.1.3　古为今用，洋为中用

  文化有差异，但也有共同的方面。没有这种普遍的共通性，各国、各民族的人们就无法交流往来。随着各民族之间的交流，文化会形成相互吸收、相互影响、相互交融的情况。这样，各种文化之间的共通性将会越来越大，相互理解的可能性也会越来越大。比如，西方以模仿、逼真为特点的绘画艺术，被中国人看成是匠人之作；而中国的文人写意画，则被西方人视为怪诞之作。但随着中西文化交流的发展，中国人认同了西方艺术，西方人也慢慢认同了中国艺术。

  《天书》（见图 5-2）是画家徐冰 1988 年展出的一幅书法作品，由 4000 余汉字组成，因无人能识，故名为"天书"。《天书》确实让人感觉晦涩难懂，因为在其作品中，满篇汉字，却没有一个是可以识读的。原来，徐冰是在用汉字书法的方式书写英文，但乍一看又看不出是英语单词，而是汉字。这种不能用汉字来识读但看起来又十分像汉字的作品，震撼了观众。有人说这种手法如同西夏文,西夏文是当时西夏借鉴汉字创造的、适合党项族使用的文字,看起来是汉字,但记录的却是党项族的语言,汉人难以识读。但徐冰的手法却与此不同:他不是在用汉字记录英语,而是在用汉字的笔法书写英文,是一种颇具匠心的创作。人们从这里甚至可以看出,艺术家是在表达一种破除文字符号崇拜的思想。

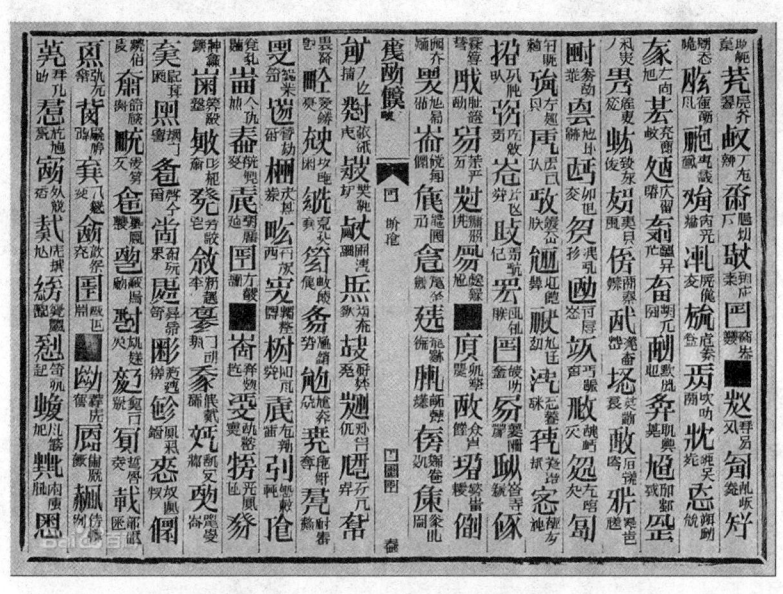

图5-2 徐冰作品《天书》

由此而言,古为今用即吸收中国传统设计之神韵,洋为中用则为嫁接西方现代设计之思维。中国古代艺术受传统的儒、释、道思想影响深远,总体的艺术审美特点是崇尚天然质朴、宁静悠远、韵味深长的朦胧美,注重主观个性感受、自我心灵与自然界的沟通交融,讲究虚幻、婉约、和谐之美。道家的天人合一、自然飘逸以及佛教的静寂幽深、空灵含蓄的禅意之美,展现的是一种只可意会不可言传的内在神韵和精神感悟。这种意境化的设计超越了事物的外在形象,形成了独具东方特色的"书卷气"及超凡脱俗的静态、写意之美。但在现代设计中,纯粹中国化的视觉元素、过于意境化的设计风格不利于国际间视觉信息的交流,也无法很好地弥补不同民族和文化背景之间的差异。

因此,在基于瑶族神话传说的绘本设计中,团队通过嫁接"新中式"风格,在设计中适度使用中国传统元素,弱化纯中式风格过于意境化的特点,捕捉传统的元素符号神韵,抓住其核心特征,简化其外在形式,借用现代设计语言展现瑶族传统元素的精华,在传统和现代中找到平衡点和契合点,兼具传统性和时代性。绘本以"随类赋彩"作为色彩理论基础,结合笔者对神话色彩的理解,提取了瑶族传统五色作为本次绘本画面的主题色,使画面整体带有浓郁的瑶族服饰特色。画面表现技法上采用敦煌的岩彩效果与现代的漫画技艺结合的手法,将中国传统文风韵味与现代插画风格结合。此外,笔者根据画面中物象的形态、气质、大小、远近和所占位置的主次关系等,结合现传瑶族传统五色进行色彩填充，使色彩在赋予画面均衡、呼应、疏密的节奏变化的同时，也让整体画面更加和谐、统一，从而呈现出如梦如幻的画面效果，如图5-3所示。

壹-线性的应用

◆ 笔者吸取传统绘画"骨法用笔"的理论，通过对线条动态、势向、韵律和节奏变化的运用，塑造出更加灵动的人物外形。

贰-色彩的应用

◆ 以"随类赋彩"作为色彩理论基础，根据画面中物象的形态、气质、大小、远近和所占位置的主次关系等，结合现传瑶族传统五色进行色彩填充。

The design process
龙犬角色设计

龙犬为龙头犬身，将龙头做瘦长处理，使其更有犬的特征。

尾巴参考了凤尾的形态，使整体形象更加富有神韵。

两侧的云纹翅膀，更显仪态超群，有睥睨一切的威严与高贵气质。

其毛为五色，故以五色月牙的形式表现。

在海浪动势和形态的刻画上，作者参考了日本江户时代浮世绘派大师葛饰北斋的《神奈川冲浪里》

在人物形象的刻画上，有在船头祈祷的形象，有母亲抱着孩子哭泣的形象，有男人奋力划船的形象，表现出灾难来临时，瑶族祖先的无奈与祈祷盘王保佑的状态。

图5-3 江华瑶族神话传说的绘本设计图解

当前，设计师们力求通过多元化的设计方法来满足人们的多样化需求，因此在绘本装帧设计中，笔者团队通过整合简化版面内容，加强设计的时代感和空间感，营造强烈的视觉效果，将中国古代的哲学思想视觉化，将传统符号元素抽象化，用以信息传达为主导的设计方法和程序将各种版面元素整合凝练，形成鲜明的新中式风格。同时，在书籍的视觉化及质感设计中更注重读者感官的感受，自由地运用平面设计元素，使书籍版面简约大气、形式生动；注重书籍设计的主题性、表现性，使设计具有强烈的时代感，如图 5-4 所示。

图 5-4　江华瑶族神话传说的绘本

传承非遗故事、再现文化记忆是让大众接受非遗文创设计的有效方式，但不能仅仅止步于此。现代设计种类繁多，只有符合现代消费需求的作品才能产生经济效益，反哺非遗文化，实现非遗的活态传承。

5.2　活化谐美

非遗是活态的，因为它不是文物而是文化，具有与时俱进的性质，会随历史、时间、环境等因素的变化而不断革新。非遗在手口相传的历程中会逐渐产生变化，会在某代技艺精湛、具有创新精神的传承人手中积极发展，也可能随着社会生活生产方式的变迁而转入低谷。如何既保持传统技艺又不流失其核心技术和人文蕴含？抑或是如何于生产性方式保护过程中，积极而贴切地利用传统技艺，在合乎文化发展规律和手工艺规律的基础上进行技艺创新？这是接下来我们要认真研究和深入探讨的理论与实践问题。

5.2.1　趣味设计，别开蹊径

有调查表明，文化创意产品的主要消费人群是热衷于网上消费，又具有一定审美能力和精神文化需求的年轻群体（25~35岁）。具有较高消费能力的中产阶级群体往往并不满足于普通的文化创意产品，他们倾向于购买图录等学术类出版物和文物复制品等具有一定收藏和投资价值的高价位商品。现阶段，年轻人组成的消费群体更注重个性表达和对时尚潮流的追逐，外观新颖、活泼有趣、与众不同、充满现代感的产品设计更符合他们的趣味，富有新奇感的设计更能满足他们的心理需求。

首先，文化创意产品的重要特性之一"创意"（Creative）本身就意味着"新奇"（Fancy）。"创意"的特点就是要打破传统观念和形式的束缚，追求产品新的立意、新的设计、新的技术、新的外观和新的功能。以文化创意产品的立意而言，设计师运用发散性和创造性思维，把看似毫无关联的文物元素和现代产品进行巧妙融合，能给人耳目一新的感受。其次，新奇的外观造型和图案装饰也会给人强烈的心理冲击，充分吸引消费者的眼球。新技术、新材料的运用赋予产品新的功能和使用感受，成为"创新"价值的突出体现。大量的博物馆文化创意产品被评为"脑洞大开"的商品，即源于其给人的新奇感受。古老的文化元素和现代化设计理念相结合，产生了强烈反差，制造了时空穿越、今昔融为一体的错觉，引发思古幽情和对当下的反思，正是文化创意产品"新奇"感所要追求的最终效果。

曾有一位画师要求他的四位学生用最少的笔墨画出最多的骆驼，第一位学生把骆驼画得很小；第二位学生只画骆驼的头，用头表示骆驼；第三位学生用模糊的点代替骆驼；第四位学生画的是几只骆驼走出山谷的情景：一只骆驼刚刚走出了山谷，一只仅探出了半个身子，一只的脑袋探出了山谷——谁知道驼队还有多少骆驼被山遮住了呢？第四位学生的画作做到了以少表多、以有限表无限，所突破的是以多表多这种顺势思维；而其他三位学生的画作则显得很笨拙。这种突破常规的思维是艺术创作中常常运用的。能够打破常规而又合乎常道，就是灵心的体现；不被常规所束缚、不被已有经验和知识所拘束，能够自由想象、大胆思维，就是灵心的体现。想象力其实就是能够发现事物间潜在的联系，或者给事物建立新的联系，对事物进行新的排列组合，它所要突破的就是已有的成见。正如爱因斯坦所说：想象力比知识重要。知识是现成的、已有的、有限的，而想象力则是探索新的知识和创造新的事物的重要能力。

北京故宫博物院以亲民原则重新定位文化创意产品开发后，研发了容嬷嬷针线盒和《皇帝的一天》《胤禛美人图》应用程序等一批"萌萌哒"文化创意产品，以戏说的方式将百岁故宫的历史和互联网时代的时尚趣味相结合，虽然在某种程度上亦有肤浅化和过度娱乐化之嫌，但线上线下相结合的销售方式创造了销售奇迹。以"萌化"的趣味方式开发博物馆文化创意产品在国外也形成了潮流，大英博物馆著名的"小黄鸭"系列产品，结合埃及狮身人面像、罗马士兵等馆藏文物元素呈现"呆萌可爱"的面貌，风靡海内外。日本熊本县政府为提高本县名气、发展地方经济，请日本知名设计师水野学及其团队设计了地方吉祥物。这个通体黑色、两颊有腮红的卡通形象凭借其卓越的"人格"塑造能力，在拥有众多经典卡通形象的日本脱颖而出，受到大众的广泛喜爱。熊本县还通过任命公务员的方式，确立了"熊本熊"的社会身份。作为临时公务员的熊本熊，通过团队的精心设计，不再是我们通常印象里严肃、刻板的公务员形象，具有更加亲民、幽默的性格特征。熊本熊不但打响了自己的名气，也让大家了解了熊本县这个地方，使得熊本县的许多旅游特色被人们所熟知。

上述文创设计产品的成功不仅仅是因为萌系设计让童心未泯的人们心生喜爱，其核心在于差异化的设计，市面上萌系产品多如牛毛，重在怎么体现特色。

5.2.2 追求理性，注重功能

"非遗"作为一种文化样式，具有浓重的礼乐功能，如瑶族长鼓舞与盘王大歌，让民众在生产、生活之余获得精神的满足，是瑶族先人对于生死、忧乐、自然的敬畏与态度表达。从"非遗"的功能和价值来看，其对于人们的生产、生活具有一定的实用性。然而，市场经济时代，多数人因利益驱动，所考虑的多为如何利用"非遗"项目来实现经济利益的增值，以"非遗"项目来推动城市经济、旅游品牌的宣传、增值，旗下的文创设计产品大多简单粗暴，忽视了文创设计的实用性，具有浓重的功利化取向。非遗多种多样，但设计首先是理性的，例如红酒开瓶器。市面上的红酒开瓶器种类繁多，比如双臂式杠杆型、兔耳型、T型等，但是基本的功能一定是打开红酒的软木塞，这就是它之所以被称作红酒开瓶器而不是挖掘机的原因。那么我们可以说，它已经完成了理性层面的设计——开瓶（见图5-5）。

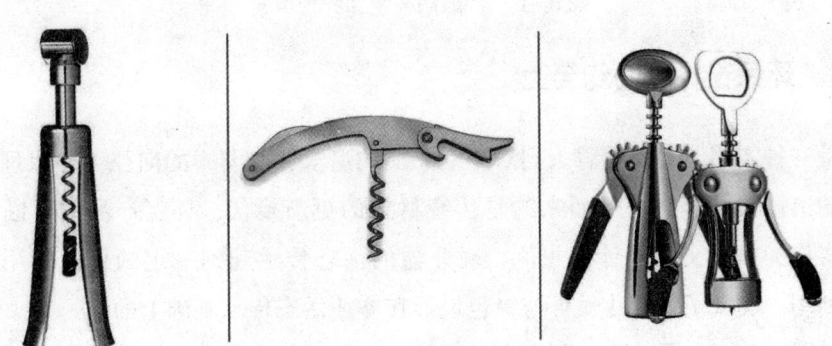

图5-5 各式红酒开瓶器

如果更加概括地描述设计的理性部分的话，那就是功能性。提及现代风格设计，我们最先联想到的就是简单与纯粹，其实，它的核心定义在于"功能主义"。作为包豪斯学派的产物，其设计理念将功能与理想完美共融，以此形成一种突破传统、特立独行的风格。它主张设计要适应现代大工业生产和生活需要，以讲求设计功能、技术和经济效益为特征。注重功能就是在设计中注重产品的功能性与实用性，即任何设计都必须保障产品功能及其用途的充分体现。从根本上说，人性化设计应该是功能主义的，它是在保障产品功能的前提下改进产品的外形设计以达到符合人机工程的一般原理的设计理念。人的成长过程是一个不断理性化的过程，通过理性，我们获得对世界的认知和把握，从而获得更好的生存发展能力。席勒早就发现人的理性与感性的分裂导致人的片面发展，他提出审美教育的观点就是寻求人的完整和谐的发展。

图 5-6 是研究团队结合传统瑶族长鼓造型设计的"鼓的杯"，整套设计由两支木质杯体与两片杯盖组成，杯体可通过杯底强磁铁的作用吸附在一起，形成长鼓造型，杯盖随即成为"底座"，可将其陈列摆放于任一位置；如将杯子做实际之用，只需稍加用力即可轻松分离，杯盖也可起到保温与防尘作用，既兼具实用性，又使江华瑶族的文化象征符号得以展现，并将"杯子"自带的浪漫寓意与江华瑶族人的浪漫主义情怀融为一体，产生共鸣。

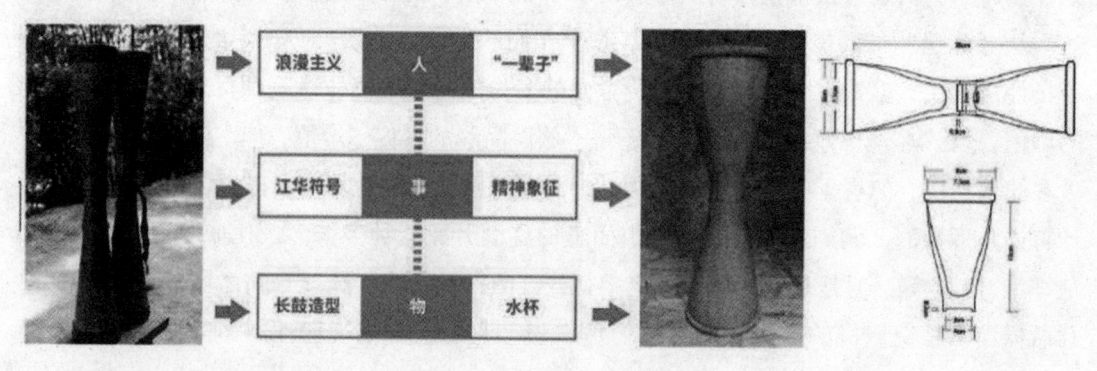

图 5-6 "鼓的杯"实物模型图

5.2.3 环保设计，简约至上

设计是一种实用艺术，随着人们对生活品质的追求、对健康的向往，环保理念越来越受到人们的追捧与热衷，由此而来的是传统材料的更新换代，环保产品的不断发展。因而，环保将作为非遗文创设计的主流，对非遗的活态传承起到一定的促进作用。节省资源，回收利用，实现了人性化设计与绿色设计在非遗活态传承基础上的统一。

研究表明，单一材质的文化创意产品在美感上胜过复合材质的产品，简约设计风格的产品胜过复杂设计风格的产品，这为文化创意产品的美学设计提供了参考。

民族文化资源是一种具有可持续性的知识性资源，与民族文化相结合的文化创意产业也是一种可持续性的知识型产业。设计战略要求以可持续性的新技术为方法和手段，与节能、绿色、生态、环保相结合，构建新型产业模式，是具有前瞻性和可持续性的，作为一种发展战略，其本身也具备可持续的、不断更新发展的生命力。民族文化的发展与环境保护是不相矛盾的。一个民族所属的地域对于其自身的民族文化来说是极为重要的，这些地域特征与环境差异也是民族文化的一部分。

瑶族长鼓文创产品的设计和制作过程向来都注重秉承绿色、生态的理念。在新时代，长鼓的设计和制作除了继承这些传统理念，还要响应国家发出的"精准扶贫"召唤，积极做"设计介入，精准扶贫"的试验，以多维思考形成创造力和生产力。正如有学者指出的，我们应在探索全球经济一体化语境下，把改革开放引向新阶段，从而实现我国从"加工制造型"转变为"设计创新型""资源节约型""环境友好型"的可持续发展的和谐社会，并对"设计"这个概念的理解，方法的掌握，战略、政策的制订，机制的调整和实践的指导，产生至关重要的作用。因此，新时代瑶族长鼓的设计不仅要突出瑶族人民尊重自然、保护自然的文化基因，更要发掘和开发长鼓的商业价值，推动长鼓及长鼓文化的活态传承及产业化。

社会大众对非遗文创设计的需求，有陶冶情操、提升精神境界的一面，也有满足时尚、娱乐的一面。消费者购买产品，必然希望从产品中获得一种审美需要的满足。受众的审美要求随着各种媒体的兴起和繁荣，明显地提升了。

5.3 受众审美

在过去，价值是单向的，即精致文化中以美感为主轴，而且是以上层社会之品味为外观，这种模式由于民主社会的来临以及大众力量的兴起而逐渐破灭了。新时代的受众来自各个社会阶层，自然不会继续遵循少数人判断品味价值的原则，因此，必须尊重不同社会阶层的价值，扩及基层社会，来自各个不同族群包括少数民族在内的生活方式与价值判断同样应该受到尊重。

5.3.1 审美认同：设计价值理念的传达

人类创造的所有产品，其实都是具有审美特性的，这在新石器时代的原始人类那里已经得到证实。由于人们对工具的钟爱，工具上出现了装饰。而同时期的日常生活用品与其他器物上也出现了装饰，如彩陶，其彩绘是与陶器的实用功能无关的，是为了满足人的审美需要的。俄国学者普列汉诺夫对纯粹的装饰品的产生过程的阐述非常经典，他说："那些被原始民族用来做装饰品的东西，最初被认为是有用的，或者是一种表明这些装饰品的所有者拥有一些对于部落有益的品质的标记，后来才开始显得是美丽的。使用价值是先于审美价值的。但是，一定的东西在原始人的眼中一旦获得了某种审美价值之后，他们就会仅仅为了这一价值去获得这些东西，而忘掉这些东西的价值的来源，甚至连想都不想一下。"① 而文化产业所提供的文化产品，更是审美文化产品，其中艺术品占了极大的份额，它们的主要价值就是审美价值。

设计能产生巨大的社会影响，可以引起连锁反应，好的设计能沟通人与人之间的关系，促进社会的精神文明建设。因此，设计必须服从社会管理，积极完善设计行业本身的法治建设。设计从一开始就是社会行为，艺术可以以艺术家个人为直接的服务对象，手工艺也可以只为社会群体中极少的一部分人服务，但设计必须为尽可能多的消费者服务。与之相关，设计必须与社会各阶层、各机构发生直接或间接的各种联系。大至国家政府机关，小至普通百姓都与设计发生关系。随着社会分工的精细化，设计本身的专业化，这种联系在不同层面上趋向于更复杂、更深入。② 设计是一种社会行为，主要原因在于它是为他人服务的。由于人际关系的复杂性，设计必然与社会发生联系，并受各种人际关系的影响。

文化创意产品美的多元性体现在审美对象的丰富性和审美主体需求的复杂性。文化产品主要是满足消费者的精神需要，而审美需要是人的精神需要的重要类型。因此，满足消费者的审美需要是文化产业最大的目标，而能满足哪个层次的审美需要则是文化产业的细分目标。文化产业的成功与否，在于所提供的文化产品能否满足消费者的审美需要，从而产生效益，实现价值。然而在全球化背景下，在消费主义、碎片化文化的冲击下，作为文化展演的长鼓舞等瑶族艺术已在日益脱离瑶族人民的日常生活，它们被赋予的瑶族的文化身份也在日益淡化。随着瑶族民族文化被解构，瑶族文化认同感越来越弱化，瑶族审美文化认同危机也越来越凸显，在瑶族聚居的江华县，平时几乎无人穿着瑶族传统服饰。如何让长鼓舞与其他瑶族艺术在瑶族日常生活中重新焕发光彩，从而维护瑶族自身的文化身份、增强文化自觉与自信，已经成为政府与民众不容回避的问题。

非遗文创设计始发于不同的文化动机，服务于不同的文化目的，实现不一样的审美认同，最终产生各具时代特色的审美认同现象。毋容置疑，长鼓舞作为瑶族优秀传统民俗文化还将在区域、国家、国际不同层次的文化活动中舞动，唤起人们对瑶族的多层感知与审美认同，借助于对瑶族非遗文创产品的审美认同，江华这个藏在瑶山深处的边远地区就有了一个由于审美认同语境所营造的契合民族特色的地域文化身份。

5.3.2 文化认同：维系文化与艺术形式

《人民日报》曾刊登一篇文章——《该如何称呼你，中国龙》，其中提出各种关于龙的英文名建议。这种讨论就是尽量站在西方的文化立场来翻译中国的龙，以便具有中国文

---

① 普列汉诺夫. 普列汉诺夫美学论文集：第一册 [M]. 曹葆华，译. 北京：人民出版社，1983.
② 陶黎宝华，邱仁宗. 价值与社会：第一集 [M]. 北京：中国社会科学出版社，1997.

化特色的龙在译文中也保持其原有的文化特性。在这里，文化认同显得十分明显。文化创意必须有文化，而文化又是有着强烈的价值性的。所谓价值性，就是文化本身对人的生活、社会发展、精神提高所具有的作用。

如若把名字仅仅看成是一个标志，那只要和别人不一样就行了。但名字本身偏偏又包含着除了标志之外的东西。说到外国名称的音译，用什么字应当说都是无所谓的，但中国人会用有着美好含义的汉字来音译这些国名，例如美国、法国等。也许对于表音的语言来说只要拼写正确就可以了，但对于汉字来说它又是音义的统一体，用字不同，其意思上的差异可谓显矣。文化创意需要而且应该进行文化创新，但这种创新不能违背文化的基本价值，不能创造低俗的垃圾文化。在文化创意活动中制造一些故事、传说，从而让产品品牌镀上一层人性的光辉，也是产品品牌文化价值性的体现。

5.3.3 价值认同：艺术性与经济性的调和

从生成及原初形态看，任何非遗文化原本就是与本民族政治、经济、文化密切相关的。可我们也了解到当下有些人有一种担忧，即忧虑民族艺术进入文化产业的运作，会影响甚至毁坏传统的经典艺术，以致伤及具有特色的新的经典性创造，或使那些无法进行市场化经营的民族艺术种类和非营利性的民族艺术活动遭受灭顶之灾。应该说，这主要还是站在原有的计划经济角度的思考与认识。笔者以为，这里的关键是当代文化产业是在市场经济条件下建立起来的，因此，与之相适应的民族艺术保护也必须以与之相适应的思路与方式来建构。即当代新的文化产业的建设与发展，必须将艺术分为经营性和非经营性（以非营利的文化艺术建设为目标）两种，在建立市场经营性文化产业的同时，还必须建立与之相匹配的对位互补的民族艺术保护方式。其关键在于保护具有根性特质的东西，使二者相辅相成，形成有益于民族艺术发展及文化产业建设的合理架构。另外，当代意义的文化产业，属于创意产业，它高度张扬文化创新意识，所以，将民族艺术纳入文化创意视野之中，其中包括为文化产业所关注与开掘，应该是有益于其不断产生新意与新的价值的。不过，有一点是特别重要的，即坚决摒弃庸俗化和唯利是图，始终保持并突出民族文化精神的鲜活性。

在非遗文创的设计中，可以将非遗文化元素应用到当地物产资源的推广设计。物产资源作为一个地域的特色是区域经济中不可忽视的部分，"非遗+物产资源"可以推动当地农副产业的发展，推广当地文化和风俗，也能为当地带来经济效益以及带动劳动力回流等社会效益，对经济和社会和谐都有十分重要的作用。对于当地物产资源的推广设计，首先要保证其物品质量，其次要对其进行创意包装设计，将非遗文化元素作为其包装的基点，吸引受众购买（见图5-7）。

非遗文化创意与设计

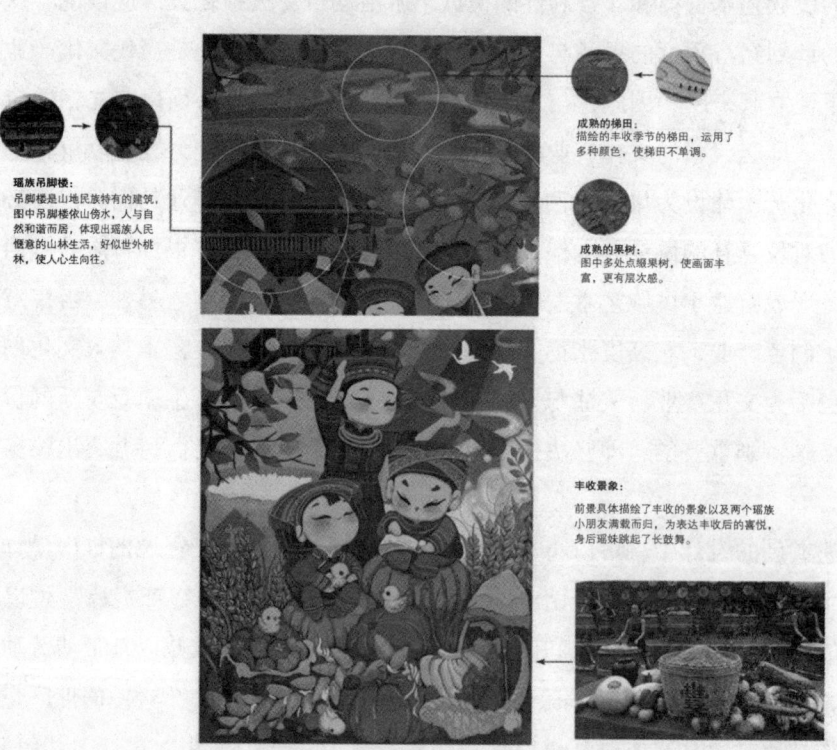

瑶族吊脚楼:
吊脚楼是山地民族特有的建筑,图中吊脚楼依山傍水,人与自然和谐而居,体现出瑶族人民惬意的山林生活,好似世外桃林,使人心生向往。

成熟的梯田:
描绘的丰收季节的梯田,运用了多种颜色,使梯田不单调。

成熟的果树:
图中多处点缀果树,使画面丰富,更有层次感。

丰收景象:
前景具体描绘了丰收的景象以及两个瑶族小朋友满载而归,为表达丰收后的喜悦,身后瑶妹跳起了长鼓舞。

图 5-7 鼓舞丰登——非遗文创物产资源推广设计

文化创意产品具有功利性审美特征。文化创意产品虽然凸显精神层面的需求，但其主体仍是功利性。文化创意产品的功利性体现在两个方面：一是产品就是功能的实现；二是产品就是货品，它是一种经济行为。文化创意产品产生的时代背景是创意经济，文化创意产业使文化创意产品具有功利性特征。历史经验告诉我们，功利和审美不是完全对立的，物质与精神不是互相抑制、互不相容的。就产品来说，产品的丰富并没有削弱精神世界的富足，人类不断扩容的产品世界，使人类享受产品丰富给我们带来的功能舒适及审美体验。因此，从产品的维度来看，产品的审美是有层级的，功利性是产品审美的低层，但是必需的，如果脱离功利性谈产品的审美，犹如蜻蜓点水浮于表面，隔靴搔痒抓不住重点，不能对产品审美做出正确的判断。美的最高境界都是精神化的，文化创意产品必须实现对低层功利美的超越达到高层的精神审美境界。就产品的功能和形式而言，包豪斯时期的格罗皮乌斯曾经说：为了设计出一个物品、一个容器、一把椅子或一座房子使它发挥正常的功能，首先就要研究它的本质，因为它要用于实现自身的目的，也就是说，实际地完成它的各种功能，耐用、经济而且美观。[①] 如果说审美也作为产品的功能之一，那么形式的创造便可以纳入审美功能的范畴。在产品的审美维度，功能和审美是统一的。

---

① 徐恒醇. 设计美学 [M]. 北京：清华大学出版社，2006.

第6章 文创设计的"事物情理"

"事"是指某一特定时空下,人与人或人与物之间发生的行为互动和信息交换。同样,它是塑造、限定、制约物的外部因素。① 文创设计中的事的意义也体现在过去—现在—未来的"时间流"之中,展览馆中的一件"器物",是过去人家日常生活中的一件器皿,现在成为文物被摆放在玻璃罩之内,在不远的将来,可能成为众多设计师进行文创设计的灵感来源,所以这件器物,既展现着过去,也预示了未来。如此简单的一件事,交代了不同时期的人们对容器的"情"与"理"的理解。对于文创设计,亦要冷静地分析其中的"事之情""物之理",从"实事"的过程发现文创设计中所存在的问题,并且寻找"突破点",通过"求是"找寻合适的方式解决问题,最终"合情合理"地选择实现手段,并返回整个文创事件中加以检验。

6.1 文创设计中的事之"构"

在文创设计的"事"结构里,一切都是围绕着"人"彼此相生的,"人"的性别、年龄、职业、文化程度以及不同的地域文化使"人"形成了迥异的观念与思维习惯等,这些均为实在的"人"的具体特性,同时还应看到"人"在什么时间扮演什么角色,面对一件文创设计时,"人"发出什么样的行为,并且最终对"人"产生了何种意义,只有确定了这些能够呈现出网状脉络的具体内容,分析文创设计中"事"的具体构成要素,才能更准确地明白需要什么样的文创设计。

6.1.1 兼容并蓄的时空背景

优秀的文创设计之所以能在第一时间引起受众共鸣,是因为设计者在有限的体面积中,埋藏了一条时空主线,将历史与现代通过文创衔接在一起。时间具有客观性,过去与未来通过现在、此刻连接起来;同时,时间也具备主观性,梵·高在《盛开的桃花》中

---

① 柳冠中. 事理学论纲 [M]. 长沙:中南大学出版社,2006:6.

说："只要活人还活着，死去的人总还是活着。"这句话与德国哲学家马丁·海德格尔对于时间的理解如出一辙，他甚至认为："个体的主观性时间不是从过去流向未来，而是从未来流向过去的。"① 对于文创设计"事"结构中的时间，我们可以借用奥古斯丁所描述的不同时态中的事物加以理解，"过去事物的现在便是记忆，现在事物的现在便是直接感觉，将来事物的现在便是期望"。由此我们不难看出，时间的概念并不意指当下，也并非机械地代表过去—现在—将来；空间并非客观存在的，而是人们主动划分的场域。人们根据自身需要，划分了操场、超市、车站，并在其中专注于各自的角色，角色有其固定特性，不同维度的空间人们的角色无法互换，所以空间的意义超然于物理属性，人们的行为也因为空间的限定受到制约。所以，每一个时空，都会形成立体结构的事态，事态与事态之间发生着包容性的联系并相互作用着，文创设计中的时间与空间，恰巧是过去的包容性事态结构在现在产生的直接感觉。

我国各民族都有流传至今的美丽传说，各地域也都流传着动人的民间故事，它们至今仍产生着深刻的影响，并且会持续影响到未来，如云南阿诗玛的叙事长诗、江华盘王的传世佳话、安徽望夫石的传说，它们都出现于民族发展过程中的某一个时间节点与空间范围，并且对现在有着现实的影响，对未来也产生了深远的意义，在过去、现在、未来的"时间流"中

图6-1 文创产品"朕知道了"胶带

都塑造了结构性的事态。如通过台北故宫博物院出品的"朕知道了"胶带（见图6-1），我们能看到过去的时空与当下发生了巧妙的联系，康熙皇帝的"朕知道了"这一句在现今社会看似白话儿的朱批真迹，被应用到了日常生活中的胶带上，其中带有的霸气与顽皮令很多年轻人爱不释手，可能在不久的未来，同样也是这句话，被应用到了其他地方，产生了新的事态结构。所以，在文创设计的"事"结构中，时空包含了过去，预示着未来，形成了统一体。

6.1.2 超以象外的人物联系

人与物对应着"事"结构内的主语或宾语，施动与受动，信息发出与信息接收。② 文创设计中的人包含有形与无形两种形态，首先即现实中的人在事的结构中是一切事的主语

---

① 马丁·海德格尔. 存在与时间 [M]. 陈嘉映，王庆节，译. 上海：上海三联书店，1998.
② 柳冠中. 事理学论纲 [M]. 长沙：中南大学出版社，2006：67.

体现，主语不存在，谓语、宾语的意义也荡然无存。现实的人有具体指向性，可以将其按考虑的先后顺序划分为两部分：一部分应该是具体的"为谁"，即受众性别、年龄等诸多因素，另外还需考虑不同地点的不同受众，这种带有目的性的人对于文创设计的开发是需要重点考虑的，其往往也是最容易被忽略的因素；另一部分应该是"是谁"，对于文创设计而言，开发者身份也是需要重视的一点，开发者的设计理念、意图，相关传承人的文化时代背景，都需要加以厘清及细分。其次是无形中的人，是"以人为本"的设计观念，这种思想绝非所谓的符合人体工学或符合某一类人需求的人本设计，而是满足"内化于心"的需求或愿望。

对于物而言，亦可以理解为现实化的物质与物质中所体现出的人的精神，物体现着人的精神，人的精神也刻画着物，文创设计的魅力也在于这种融合，但是也不乏过分想要体现精神的存在而忽略对物的刻画，致使文创设计成为"玻璃柜里的展品""不可一世的艺术品"，与现实脱节；也有的只看重其实用性，却忽视了人、物间的密切关联，致使人、物两部分各自为政，缺乏契合。由此看出，人在物中乃至整个"事"系统中扮演了重要角色，既是核心，也是主语。物深刻体现着人的情感价值、心理需求。因此，在文创设计中，人与物的关系是一个相当概括的观点，这种关系的把握促使着我们对各学科的探索，感受人对于物的憧憬，塑造物对于人的体现，但应注意人与物的整体性，系统地理解人对于物的需求，做到以人为本，超脱于物。

6.1.3 表征共鸣的行为与信息动态

美国认知心理学家唐纳德·诺曼否定了人的行为是外界的刺激引起的肌体的生理变化的观点，他认为行为不仅仅是看得见的动作，还包括大脑中发生的对感知到的信息进行内部思维转化的操作，并且这些看不见的动作，对看得见的动作起到决定性作用。成熟的文创设计作品能够使人们在使用过程中产生清晰且不可见的思路引导，从而便于人的使用。其中的"思路引导"可以理解为信息，同时也是行为的来源与依据。认知心理学认为，信息转化为符号并与已经储存在大脑中的其他事物相结合，需要通过心智对知识进行概念化表征以及大脑加工和存储信息两个步骤才能完成。[①] 即需要使通过行为接收到的信息与原本储存的信息形成选择性共鸣，比如游客由于向往某一个民族的风土人情，喜欢那里的民族文化，将其作为目的地，旅途中，他发现了很多带有当地风土人情特色的小纪念品，进行比较后，最终选择了一件手工艺品带回家。其中物的表征信息与游客头脑中所存储的表

---

① 罗伯特·L.索尔所.认知心理学[M].邵志芳，译.北京：人民出版社，2008：07.

征信息可能存在差异，但是经过比较，游客发现了与自己头脑中表征信息大体一致的工艺品，大脑释放了正确的信号，告诉游客这件商品是对的，并命令其带回家。正是这种以表征信息相似的方式，获得并描述经验，才做到了人与物的和谐共处。文创设计中的信息不能仅仅理解为使人们更简单操作产品的设计思路。而我们看到的这些信息之间的获取、交换、对比，都是通过游客的行为这一"中介"，使"人""物""外部环境"产生联系。在文创设计中的人与物有很多这样的行为，比如，人们去某一新兴形式的图书馆阅读与消费，用手去感受手工艺文创设计的文化意涵，行为均在其中起到衔接的作用。当然，这些行为是可见的，但是可见的行为背后可能还隐藏着其他的内涵，如当下流行的减压玩具，人们在玩的时候大都重复了一个动作，但是每个人发出动作的背后却有着不同的内涵，而这些情绪、心态往往不易被人发现也不易被人所知。

6.1.4 得其圜中的意义辩证

意义是主体意识下行为的"目的与价值"。[①] 寻找心仪的文创设计的原因是寻找文化认同感，满足文化的认同感是这件事的目标，所以整件事的"意义"就由"原因"和"目标"两部分组成，过去的想法促成了事的发生，目标则成为对事的期望。这两部分合在一起，就可生成对是否满足了目的并获得了预期的价值的评价。我们能够看到的只有肢体上的动作，或者眼神、表情中所透露出的信息，而看不到的想法与思维活动中的内容则是"意义"。意义可以说是以上三个结构的综合体现，个体、要素在一定的时空范围内发生了行为互动与信息交换之后，便给我们带来了这种情感体验，这种意义并不是千篇一律的，而是根据前者的不同属性、元素间相互结合随之改变。

事情的发生承载了意义，不同的意义也可能由相似的事件实现，如江华瑶族的长鼓，起初是盘瓠的子女将羊皮剥下，蒙在用泡桐木制作的鼓身上，击鼓鸣歌，以祭英灵；现在而言，江华当地长鼓手工制作艺人，如盘氏家族盘上科先生师，依旧沿袭古法制鼓，但他制作长鼓更多作以时下的礼器、乐器之用，盘上科之子盘雄更是如此，江华当地的民间舞团在表演长鼓舞时所舞长鼓多出自他手。由此便可得出，两件事中的构成元素大致相同，但随着时间推移，其中的意义开始发生潜移默化的改变，如长鼓的制作目的，前者是为祭奠英灵，抒发情感，后者则是满足生活需求。

---

① 柳冠中. 事理学论纲 [M]. 长沙：中南大学出版社，2006：1.

6.2 文创设计中的事之"善"

产品市场的日益饱和,促使了当下的创意设计必须归类到文化思维的范畴,人们对事物也在满足"真"的基础上,提出思想及精神上的诉求,但绝非是对"不切实际"的"美"的向往,而是倾向于两者之间的结合,即对"善"的呈现。因此,文创设计应运而生,致力于传统文化的继承与发扬,区别于传统设计产品并重新定位,不再以功能和造型为主,更加强调文化与产品的高度结合。但纵观现阶段文创设计市场,反思当下以文化为诉求的产品,我们发现,大多所谓的"文创产品",仅仅停留在造型及装饰纹样层次,缺乏深层次的文化内涵的交流,纠其原因则是对想要借助产品表达的文化缺乏深层次的思考,简言之就是对文创设计中的"事"缺乏体验,设计师没有将"事"与"物"很好地结合,使得受众无法体会到文化的精准内涵。

6.2.1 人与物的显、隐性关系

人与物之间的关系是在"事"系统中一种形而下的结构表现,也是文创设计过程中最前置的部分,设计过程要始终将"人"作为出发点以及最终要回归的落脚点。"人"所发生的"事",为设计过程铺垫了环境、描述了情节、渲染了气氛、营造了氛围。"物"则是设计师通过对应用科技的诠释,将物理技能和技术等因素提升到感性层面的具体产物。通过上述分析,我们不难看出,人与物之间关系的把握是文创设计过程中的重要环节。在错综复杂的外部因素下,如何串联"人"—感性科技与文化艺术相融合—人性设计"物"之间的关系,形成"文化创意"的生活形态,是文创设计中所要思考的有关人、物关系的重要课题。文化艺术与科学在本质上无任何区别,艺术是生活中自发产生的创造性活动,是无条件限制的个人独创性表现,是一种"求美"的创造行为,而科学是把生活中的现象,透过实验获取数据并进行逻辑推理,追求客观的规律和真理,是理性的表现,也是"求真"的创造行为,设计则是为解决实际问题提出的合情合理的创造行为,其目标是"求善",为达到目标,所提出的创造行为不仅仅满足看得到的"人"对于"物"的可操作性,更重要的是那些看不到的人的隐性的动机、企图、感情、价值等,通过设计,将"求美""求真"的创造性行为进行论证,同时也将文化创意的"求善"内涵体现得淋漓尽致。文创设计的诉求,最终也都必须置入"人"与"物"中进行考量(见图6-2)。文创设计以感性科技、文化艺术为基础,故可将其定义为文化与科学两极之间的创造性活动。这种界定并非可以加以文字详细解释,大多是一种在不同事态中不言而喻的契合,是

两极因素经过一系列思考加工后的促成。

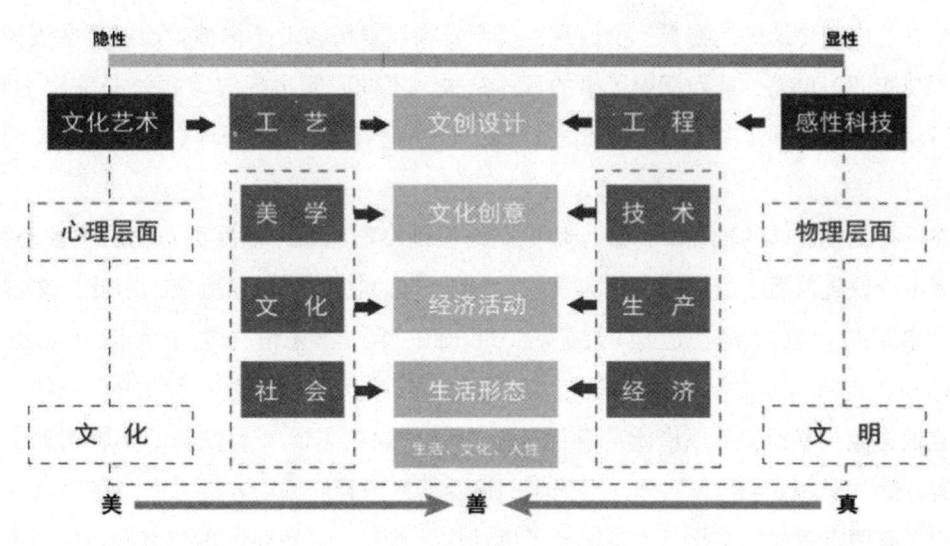

图 6-2 文创设计发生模型

时下许多传统营销模式敏锐地嗅到了感性科技与文化艺术结合的重要性，并大胆做出尝试，希望能够做出适应性改变，如台湾诚品书店，我们从其经营过程中不难发现人与物之间的联系，其中显性关系最容易发觉，也是最容易实现的一步。

6.2.2 事与物的主被动关系

事与物的主被动关系是一种具体的形式体现。我们把"事"看作一个"关系场"，其中的任何一个元素都因为与其他元素有"关系"才被确定下来。同理，物被确定下来也是因为它与人、时间、空间、行为、信息、意义的关系才被确定的。[①] 首先，应当明确的是，"事"塑造了物的具体形式，外部因素中的"事"将人物、环境都清晰地体现，物的具体形态以及元素间如何协调也需按照"事"所体现出的规律、特点进行改变。当下的文创设计环境，更多的是强调"物"的占有，拿来主义的例子比比皆是，认为"模仿"即文化，"制造"即创意，这种做法是完全不可取的。笔者认为，有"事"才有"物"，外部因素的变化决定了事物的发展。我们生活中常见的水，在 100 ℃呈现气体的状态，在 0 ℃呈现固体状态，这些与喝到口中的水并非同一种形态，但本质没有发生根本变化，其分子式仍为 H_2O，正是因为外部温度的变化，才塑造了水的不同形态。其次，还应当明确的一点是，"物"反射了事的结构信息，身边的每一个物品以及它的前身都能够通过自身告诉我们是何人在何时何地与物发生了怎样的关系，又是如何实现目的与价值的。我们身边的传

---

① 柳冠中. 事理学论纲 [M]. 长沙：中南大学出版社，2006：1.

统事物，绝非是透过物的表征告诉我们此物造型、结构很传统，而是其内在表象告诉我们其中蕴含着中国传统的造物观、价值观，蕴藏着精益求精的工匠精神，透过这些表征，反映到了现实的表象上，从而反射了事的具体结构。不同时间出现的"物"是完全不同的，但是所反射出的"事"结构却是如出一辙的，这才是当今最应当思考，也是最需要的文创设计。

在进行文创设计的过程中，设计师更应该明确事物关系，把握事与物的主被动关系，但两者不论孰先孰后，最终目的都是促进"事"与"物"的相互适应，因此，文创设计也是"事"与"物"相互适应的结果。如 2001 年，陈立恒先生于台湾创立法蓝瓷（FRANZ），他将西方文化中对"瓢虫"的理解，转换为文创设计过程中的"事"，"瓢虫"在西方象征幸运，所以借此寓意设计制作以"飘然忘忧"为主题的调料器皿，受到消费者青睐（见图 6-3）。从陈立恒先生的这套器皿中我们可以分析得出，在"事"这一层面中，有两点重要的文化元素支撑起了事结构，首先，瓷器在中国拥有漫长的历史，其中隐藏了瓷艺、礼仪等诸多文化因素；其次，巧妙地植入了西方的"瓢虫文化"，设计师将两者结合在一起，从而塑造了这一套调料器皿的具体形式。同时，"物"也完美地诠释了物的具体诉求及信息结构，可爱的造型让人产生愉悦感，并且能直接理解设计师想要表达的情感价值，因此，文创设计便成为"事"与"物"的系统融合。

图 6-3　FRANZ "飘然忘忧"作品与设计发生模型

6.2.3　人、事、物的依存关系

"仅仅是把脸埋入手中思考，整个世界就会显得不同。思考和感知有着无限多样的方式。以我的理解，做设计的实质就是将这无限多样的思考和感知方式，有意识地运用在普通的物体、现象和传播上"。[①] 日本设计师原研哉先生将设计理解为一个复杂系统的综合

---

① 原研哉. 设计中的设计 [M]. 纪江红，译. 桂林：广西师范大学出版社，2010：09.

作用，感知——感知人，认知人；思考——分析事，考虑事；设计——融汇于物，形成物。文创设计也是文化与科技经过创意的事实结合。"融会"各学科对人的解释性知识，在具体的问题情景内去发现"系统的、综合的、整体性"的人性，去了解人们如何想象、理解与应用外部事物。① 把握"人""事""物"各自独立的属性并非难事，而对于如何让其相互发生联系，相互依存，相互牵引，才是最应当思考的重要课题。日本崇尚自然，"生食"便是最好的体现，对于食材的要求近乎苛刻的日本人，希冀在饮食细节中感受到自然界的发生规律与人生哲学，如在日常生活中必不可少的酱油碟（富士皿），体现了"人""事""物"的协调统一。对于这款富士皿，"人"是永恒的主语，这一点无可置疑，"事"的融入，需要体现于"物"，富士山作为日本的精神象征，早已成为一种"符号"，尽管"日本人"与"外国人"对富士山的认知表征存在固有的差异，但大多数人确实以相当近似的方式获得经验和描述经验，以至能够与这个世界和谐共处。② 每个人都会以自己的手段解读与认知。盘子本身的凹陷与弧度，巧妙地象形了富士山，同时又实现了人对蘸料的量的控制，简单的器皿造型，便体现了"人""事""物"相依而存并相互独立的关系。"人"赋予了"事"与"物"意义，"事"形成了"人"与"物"的连接，"物"体现了"人"与"事"的价值。协调"人""事""物"的关系，是形成优秀的文创设计的要义所在（见图6–4）。

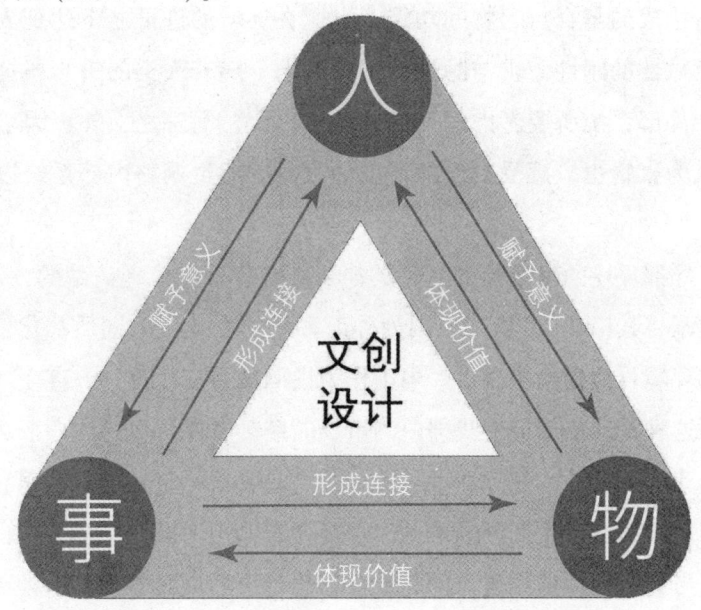

图6–4 "人""事""物"依存关系模型

① 李庆本. 文化创意产业 [M]. 北京：北京大学出版社，2015：01—01.
② 罗伯特·L·索尔所. 认知心理学 [M]. 邵志芳，译. 北京：人民出版社，2008：07.

6.3　文创设计中的事之"理"

事理，即事的规律。依据赫伯特·西蒙的理论，"我们可以对称地看待人为事物，可以将设计看作是'内在'环境——即自身物质及组织，同'外在'环境——即它所处的外部环境这两者之间的交点，用今天的话来讲，就是'界面'。"① 对于文创设计而言，文化传承的"界面"，也是因为事的规律牵引了"传承"—"承载"的交点，从而形成了维度。所以，在进行文创设计时，可从所传承的文化内容的找寻与提出符合文化传承的方式两个角度进行设计构思，同时，检验设计的好坏同样来源于"事"，应将设计代入事中进行校验。

6.3.1　探寻"事"结构中的外部因素

西蒙认为，关于设计的问题可以表述为"通过内部环境组织来适应外部环境的变化"②。可见，外部环境占据了主导作用，所谓的人为事物，其产生与存在有两个层面的基础：一是人的意图和目标，二是人为事物所处的环境，这两者没有前后顺序，两者均共同作用于人造物。因此，人们通过设计形成的物可称之为"适应性系统"，是人的目标与周围环境之间所达成的契合点，物的功能，也应在环境的许可之下达到人的目的，这里的人的目的包括显性的刚性需求与隐性的情感诉求。随着人类的进步，这种适应性需求显得越发复杂，外部系统所要考虑的范围也越发广大，简言之，外部因素限定了人为事物的产生，而人为事物也应感受到外部环境的改变，通过调整内部系统以达到人的意图与目的。

时至今日，外部环境的复杂程度绝非是各学科融合就能梳理清楚的，还应当靠"事"这条看不见的线索将其串联，"物"也因为外部环境的变化发生同质分化，形成不同的类别，以满足外部环境日益提高的要求。中国作为白酒故乡，"酒"一直在社交中扮演着重要角色，也正是这种特殊用途促使我国白酒市场的蓬勃发展。以中国白酒为例，我们不难发现，白酒的"事"构造中，外部因素占据了主导作用，不同的生产厂家在为白酒进行市场定位之前，将自己所酿造生产的白酒代入到不同的饮用场合中。我们做一次场景模拟：A公司市场部为与B公司促成销售合同，准备在洽谈会后设宴款待，后勤部小王与小李分别去采购白酒用于招待，他们在市场采购时发现，有很多品牌的白酒可供选择，小王考虑

---

① 赫伯特·A·西蒙. 关于人为事物的科学 [M]. 杨砾, 译. 北京：解放军出版社, 1988.
② 同上.

到此次招待的背景与目的以及与餐人员的职位，选择了 C 牌白酒，而小李考虑到白酒的口感、价格，选择了 D 牌白酒，最终公司领导同意了小王的意见。

从上述情景中我们可以看出，外部因素具有的限定性。小王和小李在选择时都对外部因素做过分析与对比，而小王的选择之所以最终被执行，是因为他准确地选择了外部因素的发生对象，也就是使用者，将使用者的制约、使用者行为过程和状态的制约、环境的可能和制约、使用条件的可能和制约放在了首要考虑的位置。由此我们可以得出，对于外部因素的寻找与分析，一定要考虑人理和事理的相关因素。对于外部因素而言，除了上述情景模拟所提到的因素之外，还有生活、消费方式、经济、政治、法规、时间、范围的点和域等一系列需要考虑的范围。

6.3.2 重组"情"关系中的内部因素

内部因素是在外部因素的作用下重审人与文化的关系，并做出的承接与融合。由古至今，为了同一个目的出现的具体的"物"或可能会出现的"物"会有多种形式，但是它们所表现出的差异，往往是由具体的目标系统环境的不同所造成的。改革开放以来，我们开始引进发达企业的先进设备，以扩大自己的生产，但是却造成了我们的发展停滞不前的尴尬局面，究其原因是因为我们注重了设计的后半段，我们将好的设备拿过来，将别人重组后的内部组织为我们所用，但合适与否、能否解决我国的现实问题，却划上了大大的问号。可能一段时间内的确能提高产量、提高质量，但非长久之计，这种引进所产生的弊端也严重影响到当前我国文创产业的发展。文创设计的诞生证明设计者已经开始考虑外部因素的影响，并将此类影响转换为文创产品的实际表现，但缺乏与内部因素的联系与平衡，使得文创产品给人"工艺美术"产品的错觉，简言之就是将传统的图腾纹样生硬地表现在原有的产品上，或是直接将文创产品定义为装饰品、艺术品，成为家中或墙上的陈列，与日常生活脱节，无法融入当代生活，缺乏真正意义上的温度。[1] 做出真正有温度、有文化的文创设计，首先要改变这种注重设计后半段的思想，上下品牌联合创始人蒋琼耳女士曾评论文创设计的发展走向，她认为：最好的传承就是创新，如果只是传承纯的传统，那你最后超越不了历史，最终还是停留在博物馆，要把传统带到未来，就必须超越。[2] 蒋女士所言的创新，即在外部因素的影响之下，注重对外部环境的分析，通过调整内部，将文化的象征意义，通过视觉符号最终形成文创设计产品，从而产生新的产品使用目的的组织结

---

[1] 李燕. 感知上海转型升级跨入3.0时代[J]. 上海信息化，2013（07）：38—41.
[2] 陈彧. 蒋琼耳：传统手工艺的唤醒者与分享者[J]. 南风窗，2014（17）：81—83.

构，提高使用目的的实现程度，并建立实现目标的有机关系。①

6.3.3　建立文创设计中"理"之规律

我们对文化创意设计做如下的事理性解读：文化创意设计中的"文化"一词指的是文化的内涵厚度而非宽度，也并非时间的跨度，而是考验设计师在设计过程中能否用心，能否将日常生活的观念升华为一种生活态度，所以，文化作为外部因素可以影响、限制设计流程、设计系统的始末；"创意"一词指的是将文化内涵转换为象征意义或符号的过程，通过创造附加值，产生意象。创意代表了渗透力，也就是一种认同度，好的创意能深入人心，让人记忆深刻，回味无穷，反言之，创意缺乏张力，或者过犹不及，都会影响到整个文创设计的效果，同时也容易对文化层面的意涵造成误解，所以创意要注重深度，把握深浅。设计则代表了一种接受度，这里的"设计"一词更加偏向名词词性，可以理解成品牌，当文化形成内涵、内涵形成感动、感动形成品牌时，通过营销，便成为产业，从而让所发展的产品更具多样性，赢得受众的喜爱，所以就设计而言，讲求的更是一种接受的广度。同时设计也代表了一种理性，天花乱坠的想法固然重要，但是能够落实更重要，中间可能经历许多修正或者移除的步骤，最终才能使得文创设计合情、合理地实现，成为实实在在的物。

对于文创设计而言，整个进程就产生于内外因素的"博弈"与"左右逢源"之间，正是这种似"天平摇摆"出来的结果，才能使得主体对文创设计中的"文化"产生情感体验与价值判断。"事"充实了文创设计的外部因素，同时在"事"的作用下，能够明确文创设计的最终目的，确定文化传承在其中的第一属性，同时构建出文创设计制作的相关原则、所用材质及相关工艺等内部因素。整个过程可理解为"望闻问切"后的"对症下药"。②

检验文创设计好坏与否的评价体系、评价标准，最终也要返回"事"，将设计结果放到具体的事中，在事的流程中观察是否"恰如其分"。不恰当的文创设计不符合人的目的性，同时会让人产生负面的情感与价值判断。如某博物馆所发行的金属书签（见图6-5），外观采用传统中式建筑作为书签的设计元素，飞檐吊脚表现得尤为明显，但由于其为金属材质，使得书签的边角在使用过程中是裸露在书本外侧的，极易刮到书包、其他书本或者皮肤，所以，为什么不将裸露在外侧的书签隐藏在书本之内呢，或是用其他较为圆润的元素替代传统的中式建筑呢？这种设计显然不符合人的行为习惯，是不合理的。所以，把握

---

① 柳冠中. 设计：人类未来不被毁灭的"第三种智慧"[J]. 设计艺术研究，2011 (01)：1-5+8.
② 柳冠中. 事理学论纲[M]. 长沙：中南大学出版社，2006：1.

了"实事求是"的原则，还应当将设计代入"事"中检验，从中发现新的外部因素，从而对内部因素做出调整。

图6-5 某博物馆文创产品"书签"

第7章 度象取真——文创设计中的象外限定

唐代诗人司空图在其所撰《二十四诗品·雄浑》中写道"超以象外,得其圜中",意指诗文、绘画超脱于物象之外的意境。其中"象"可作事物之象予以理解,文创设计中的"象外"指超脱于物象之外,尝试梳理出以文化为主导的外部因素限定条件,从而获得"事"之精髓。现如今,我们以设计事理学角度理解文创设计,应是传承文化这一内在目标对人的文化需求产生的影响,即文创的外在因素对其内部的组织构成限定了范围,产生基于设计科学的理性认知。将文创设计行为视作对"传承文化"与各制约因素相互调和的过程,强调的是文创设计的选择性,而非被动接受文化影响。亦可理解为,透过文创事物的表"象",探寻外部因素的限定条件,同时外部因素的畛域限定了内部因素的可能性。笔者认为应将进行文创设计前获取外部因素信息的过程当成句子一样的具有主谓宾结构的叙事过程,首先,要明确其本质的事件意义,确定"人"的范围、内容以及事态,确定文创的主语;其次,在此基础上确立文化内涵与人之间的互动及关联,建立不同谓语之间的联系;最后,权衡目标系统的核心关系,协调各种复杂的外因,组织既有资源进行创造。因此,清晰外部因素,明确目标,将整体过程理解为一次"事"的探索,文创设计才能有下一步的具体执行。

7.1 明晰组织的主语界定

"设计方法论的研究重心,在经历了设计过程、设计问题、设计活动、设计哲学四个过程后,在当代转向对主语——'用户(user)'的深入研究。设计方法的核心问题变成了'如何了解用户需求'。"[1] 人作为文创设计中的核心,也是"事"中的主语,接受文化的信息,表达自身的感受,在"事"阶段占据重要地位,如果没有主语,或者对主语的界定有偏差,故事也就不完整或者没有主次。下文中笔者将以人们进行消费这一现实场景举例说明,通常所能看到的只是消费者的购买行为,而这一举动的背后的意义,才是设计师应该思考的问题。笔者将逐步对三种不同的主语形式进行场景模拟及分析解读,充分了解不同主语形式中所隐藏的内涵。

---

[1] 唐林涛. 设计事理学理论、方法与实践 [D]. 北京:清华大学,2004.

7.1.1 施事主语

施事主语最容易判断，但其中隐藏的信息却令设计者难以把握，由于是施事者直接与"物"产生联系，所以施事主语所携带的外部因素包含的层面最广。我们以现实场景进行模拟：30年烟龄的老张，去了一家烟酒铺，老板拿出了一包A牌香烟和一包槟榔，并没有过多的言语交流，甚至仅有的只言片语也不过是日常寒暄，其中老张便是施事主语，烟酒铺老板只有见到老张后才有这一系列的动作，而并非张三李四都会如此对待。从这个场景中，我们可以看到老张直接与烟酒铺老板或直接与烟和槟榔产生关联，虽然动作简单，但需要长时间的积累与经验的共同作用，才能够使得两者之间产生这种默契共鸣，使得彼此获得最为"恰如其分"的人物交流。所以，我们可以得出，施事主语表示"主语"与"物"直接产生联系，"物"出自设计师之手，由设计师"所造"，所以亦可理解为"主语"与"设计师"直接发生联系。如"挤眉弄眼"已经由简单的生理行为转变为文化行为，隐藏的文化行为需要与信息发出者有同等经验的接受者才能感受到，否则信息发出者的动作与所发出的信息是无意义的。所以，老张与烟酒铺老板的心照不宣，两人之间的"眉目传情"下的隐藏信息，才是设计者最难把握，也是最需要把握的。有些则需要设计者掌握大量的实验数据，但更多时候，需要设计者将自己想象成受众，去领悟其中的信息体现。

施事主语更多的是对外部环境中主观条件的把握与调控，对于文创设计而言，合情的主观条件越多，就越接近强调人文因素的文化艺术。过去，设计师花大量的时间去寻求科学与逻辑的体现，而对于外部因素的窥探，也仅仅停留在满足环境与人的需要。所以，我们之前评价一件产品的好与坏，也只是简单地看这件商品是否完善。就现在而言，设计师也应当通过物与施事主语建立正确联系（见图7-1），对于文创设计而言，是在完善的基础上追求"美"的存在，虽然美一直是设计者一贯的追求，但反观现下的文创市场，到处都充斥着千篇一律或是生搬硬套的现象，所以关于美的问题，设计师或多或少有些"嘴上谈兵"。

图7-1 施事主语与设计师的联系

7.1.2 受事主语

受事主语相对于施事主语较为容易把握，主要表现在受事主语的施事者承担了一部分"设计师"角色，因为施事者发出动作后产生了相应的思想与标准，往往与设计师所思考的维度不谋而合，并且主语属性相对固定，容易把握。如母亲为哺乳期的婴儿选购奶粉这一情景，我们看到的只是母亲经过挑选后拿去结账这一简单动作，这个动作对于设计师而言没有任何意义，而真正的受众是在家中嗷嗷待哺的婴儿，母亲也只是扮演了施事角色，对奶粉进行把关及监督，而非施事主语；婴儿最终喝到了奶粉，成为这件事中的受事主语，而奶粉的选购者——母亲，虽然奶粉最终没有被她享用，但是她的选择起到了决定性的作用，母亲在进行选购的过程中，头脑中进行了一系列的思维活动，比如此品牌奶粉是否在业界有良好的口碑，是否绝对安全，奶粉中的营养成分是否适合孩子此阶段成长，当然还有价格是否能接受，与同等品牌相比是否有更高的性价比。从上面的分析中，我们可以看到受事主语并没有参与到事系统中，而受事主语中的施事者则始终参与其中大大小小的每一个环节，施事者不仅要考虑受事主语的因素影响，还要考虑自身的某些因素，当然，受事主语与受事主语的施事者两者之间的角色是不可互换的，这种身份的确定性也使得设计者能够较为轻松且准确地对这一群体进行把握，而与前面小节中的施事主语最大的区别就在于，受事主语中的施事者所考虑的因素大多为显而易见的客观因素，具有极强的具体性，这也是较施事主语而言受事主语更容易把握的原因（见图7-2）。

图7-2 受事主语与设计师的联系

在设计过程中，其合理的客观条件越高，就越接近科学，这是由科学的根本性质确定的，文创设计亦是如此。上文中我们提到高校文创的例子，实质上也是典型的受事主语型的文创案例：刚刚踏入大学生活的小明，成为家中的骄傲，是家中其他弟弟妹妹的表率，在假期即将到来之际，小明希望带回几样具有学校特色的文创文具作为伴手礼送给他们，如签字笔、笔筒、书签、信封、明信片，一是想让他们感受到自己所在学校的文化底蕴，二是作为对弟弟妹妹的鼓励与鞭策，希望他们学有所成，进入理想的学业殿堂。通过对上述场景的描述，我们能够发现事系统中的外部因素显而易见地摆在了我们的面前，受事主语的施事者——小明，将所有的客观因素及内心的隐藏活动均一一列举出来，设计者只要按照施事者所提出的外部限定因素，恰如其分地重新组织内部因素，达到生理上的人与物的协调，便能够达到目的。但就文创设计而言，仅仅满足生理上的使用习惯及使用目的是远远不够的，人们还渴望在精神上与设计产生共鸣，满足自身对文化的追崇，这是一种人在思维上、精神上想要与产品达成的相互关系。现在的设计师注重人体工学等理论可以使得我们的文化用品使用起来更加舒适，联结得更为合理，但所有工作均在完善文具这一实际用品，却忽略了文具的内在含义，如文化性、象征性、观念的传递、文化溯源价值等。人是由不同的角色组合而成的共同体，不同的场合、时间，人处于不同的位置，扮演不同的角色。人总是希望能借物抒情、借物明志，所以在进行文创设计时，更应该注重人的精神的刻画。

7.1.3 中性主语

中性主语与前面两种主语形式的本质区别是中性主语所面对的是一类人，与受事主语相同，也是由受事主语和受事主语的施事者两部分构成，但是中性主语中的这两个角色是可以互换的，如好久未见的同学、身处异地的情侣、失联多年的战友等。中性主语包含施事主语中所存在的难以察觉的隐藏信息，也包含了受事主语中显而易见的外部因素。所以，中性主语是一个较为综合的主语类型。面对这种主语类型，内外部因素的协调统一则显得难以察觉，因为任何两组对象在任何事态下都可能组成这样一种主语形式，如果照此思路继续往下推论，那么外部因素对这类主语的影响将是无穷大的。我们依旧以场景模拟之例进行说明：去北京参加设计师会议的小赵，在返回之际为同事选购纪念品，考虑到与同事职业属性相同，小赵按照自己的标准为同事选择了有代表性的文创商品。小赵所扮演的角色就是中性主语，因为小赵和同事之间的角色是可以互换的，如果此次出差的是同事并非小赵，那么同样会带回这样的文创产品作为馈赠。所以，面对这种主语形式，与其探索外部因素的影响，倒不如将内部因素发挥到极致来得直接。不同的群体也会按照自己的外部因素影响，对内部因素进行主观性选择，合适便靠近，不妥便远离（见图7-3）。

图7-3 中性主语与设计师的联系

对于中性主语而言，内部因素起到的作用更大一些，当然并非是对外部因素的全盘否定，因为内部因素带有的特殊性不会随外部因素的变化发生质的改变，如民族特色、宗教信仰、民俗习惯等。

7.2 洞悉行为的谓语关联

在研究文创设计外部因素时，行为是外部因素中信息发出与反馈的"中介"，在整个"事"系统中扮演了谓语的角色，即发出了生理上"取物"的动作，也动态地承载对文化的感受。人们带着不同的问题与目的，希望通过相关的文创设计感知文化或体现自身文化价值，同时文创设计者又希望将文化内涵与实物美妙地融合，从而获得广大受众青睐，正向与反向之间，都通过行为具体落实、体现，并且不同行为的背后，也携带着不同的信息，分别服务于不同的外部因素，将整件事发生的过程进行网状关联。

7.2.1 顺承主语意图

主语的每一个动作都携带了不同的信息，不停地与物发生隐性的信息交流，并将其信息化为表征的符号与知识汇报给大脑，大脑将这些信息进行收集与分析，并与先前经验进行对比与评价，又通过行为进行反馈，这样的互动可能要发生多次，但目的都是受众渴望自己的知识经验表象在文创设计上得以体现。其中主语发出的简单行为，隐藏着诸多信息，但这些信息都有相类似的属性，即表达了主语的意图，每一步的行为都体现了不同的意图，上一步动作是这一步动作的积累，这一步动作是下一步动作的依据，因此，行为的出现，说明了主语的意图已经出现可体现迹象。

虽然不同地域的人的文化观念、行为习惯不尽相同，甚至相反，但是文化的包容性使得人们能够在有限的空间内互通有无，文创设计也能够以文化包容性为基础获得良好的发展。我们以土家族"摔碗酒"为例，讲述人们在面对不同文化的情况下如何通过行为来实现意义价值：摔碗酒来源于土家族的民间传说，相传两兄弟阋墙之后为了民族的长期发展，决定不计前嫌，同饮一碗酒，之后将碗摔碎，以泯恩仇，显示了大气的兄弟之情。但今日的摔碗酒，已经演变为一种情绪的发泄，或是对美好生活的期望。笔者以西安特色美食街区的"摔碗酒"店铺为例解释这一行为的发生轨迹：走在西安的美食街中，游客被"摔碗酒"吸引并驻足停留，看到现场人们的一举一动，产生了些许疑虑，越来越多的人参与进来，破碎的碗慢慢堆成了山。他们为什么会喝完酒以后将碗重重地摔在地上？游客于是观察周围环境，带着这些疑虑去寻找答案。从上述事例中，我们发现有许多动作的产生，如驻足、发现、思考、观察，这一连串的动作背后隐藏了对整个事件的态度，在美食街的嘈杂的环境中，来往的尽是游客，他们打开封闭的自我，试图在异地他乡寻找到与自身价值观相同的文化，产生交集。首先，周围的时空环境决定了施事主语能否继续向下发生动作，如果"摔碗酒"出现在主语上班的路上或是赶时间的时候，可能动作仅仅停留在产生疑问，并不会继续探索。其次，施事主语在通过视觉及听觉获取信息后，驻足停留，这一动作表现出在周围环境的基础上试图了解事情的来龙去脉，尝试理解这与周围环境格格不入的事件背后的意义。通过对仅有的几个动作进行分析得出两个结论：一是周围环境（时空背景）决定了动作的发出；二是行为不仅仅是狭隘的、看得见的"动作"，还应该包括在人的大脑中发生的那些内部思维的操作，而且是最重要的部分，是看不见的内部操作决定了看得见的外部动作。[1]

7.2.2 反馈宾语转化

美国认知心理学家罗伯特·索尔所认为："在通常的情况下，我们对自己所注意信息的类型和数量显然又具有高度的选择性。我们进行信息加工的能力对于这两个水平——感觉和认知，似乎是有限的。"[2] 人们生活在社会环境中，周围充斥着信息，但是人们往往通过行为获取认为对自己重要的信息，而对于重要与否的理解，在于人的感觉与认知水平，比如当人们试图寻找"摔碗酒"这一行为发生的原因时，他们看到商家的介绍，并且通过周围人的语言，基本得出了答案，并开始了接下来的动作：施事主语开始将事件与自身实际发生联系，总结了自己过去的生活，并且想到了当下工作的不顺利与对未来生活的希冀，于是付钱—取酒——饮而尽—摔碗，这一组动作同样有可见与不可见的动作，并且比上一阶段更加丰富，同时动作与动作之间更加"环环相扣"，"付钱""取酒"这两个动作，代表了对事物的肯定，同时表示了自己已经对商家给出的"事"的预设充分理解并做出心理准备，在"一饮而尽"与"摔碗"这两个动作发生时，我们可以与上一阶段的动作进行对比研究，上一阶段施事主语通过动作了解了"事"之后，这一阶段同样通过动作将这一意图转换成符合自己意愿的心理感受。诸如此类的事例还有很多，如商家在繁华路段开设实体体验店，也是为了让施事主语的行为得到具体的体现。有了意图，便会产生行为，通过行为，才能将其与自身进行结合。由此我们可以看出，行为对于主语而言现实化了隐性的信息，并在整个事件的把握中起到了导向性的作用。

---

[1] 柳冠中. 事理学论纲 [M]. 长沙：中南大学出版社，2006：1.
[2] 罗伯特·L. 索尔所. 认知心理学 [M]. 邵志芳，译. 北京：人民出版社，2008：07.

7.3 解析意旨的宾语内涵

文创设计中的宾语指行为的感受者，这种感受并非行为上的承载，而是内化于心的情感认同。文创设计中的宾语意旨，可以分两个层面进行解读：首先是设计本身所携带的意义，包括文化、民俗、情感、心理；其次是受众所赋予的意义内涵，也可理解为"经验的表征"，即通过文化与经验的积累所得出的情感体会，个体之间不存在完全相同的经验表征，这与"一千个人眼中有一千个不同的哈姆雷特"是同一道理。两种层面的内容，共同构建了文创设计的意旨内涵。

7.3.1 事中藏"意"

德国著名社会学理论家马克思·韦伯曾区分了四种类型的行为，他认为其中的价值理性行为取决于对真、美、正义之类的较高等级的价值或信仰的认同，这种行为虽然较为罕见，但是不乏其例，比如，相信正义的价值去从事高危的职业或进行慈善事业。笔者认为对于文化创意的认同，恰巧也属于价值理性行为。对于文创设计而言，隐性的文化内涵，即文化软实力，亦可生动地称其为文化吸引力，这种能力见不到但却真实存在。在事件的另一端——受众层面，我们同样能够感受到软实力的作用，人们拿起一件产品，反复观察，进行体验，最终确认选择，看似是一个简单的过程，其实在背后隐藏着对文化的认同甚至可以说是追崇，也正是通过这种隐性的互动体会到它的原因动机与目的动机，由此，意义也就悄然出现了。

对于文创设计，我们更应当追求感质的意义。所谓感质，即可感受的特质，是一种生活的意义与情感的满足，是体验也是感受，带有一种感动人心的浪漫，能触动消费者内心最深层的情感。感质是人类体验生活中的事物所形成的微妙感受，像感官接受轻拂脸颊的风或从云层间射出来的阳光等所产生的一种特殊的感觉，哲学家将此主观感受的质量取名为感质。感质与品质相对应，这种对应关系也恰巧印证了当下人们选择商品时观念的过渡。之前我们选择商品更多的是注重产品本身的品质，消费者更多时间处于被动接受的状态，而现在的"文创热"则清楚地说明了其中的关系发生了悄然的改变，人们开始在关注品质的基础上，更加关注是否能够满足自身的心理需求。

7.3.2 事承载"意"

类似的事可能承载着不同的意义，不同的意义也可能由相同的事体现，通过这两个辩证的关系我们能够理解，人对于事所带来的意义，已经开始从生理上的满足，逐步转变为心理上的满足。过去的设计师过于强调产品的功能、品质，而忽略受众心理层面的感受，如功能简单、易操作、大屏幕、大声音、大按键的老年手机不畅销，其中的关键原因就是没有考量到老年人的心理意愿及诉求，没有考虑到有些老人并不想承认自己老了的这种不服老的心态，设计师的初衷只是为了能够方便老年人使用手机，但是这种老年机却承载了其他的意义，甚至是设计师没有经过考虑而产生的负面意义。所以，感性和人性的诉求，是设计师首要考虑的重点，"感质商品"就具备了这样的理念。

台湾作为中国文创设计发展先驱，至今已发展得较为成熟，台湾的商品经济发展形式从代工生产时期提升到自行设计时期，再转型到自创品牌时期的时候，其实完成了一个设计发展的演化过程，也是一个潜移默化、深入推进的过程，每一个过程都有文创设计映射在其中。在全球化的竞争环境下，"全球市场，在地设计"已经是设计创意的发展趋势，在其发展至自行设计的时期后，设计创意就尤为重要。当自创品牌蓬勃发展时，高品质的设计诉求就变成当下设计的核心价值，需要人文与艺术涵养来加持，文创设计也在这个时期开始发展。因此，要评估一件感质型文创设计的好坏，可以从几个方面来看，即产品是否考量使用者，产品是否具有感性特质，产品是否具有高感受特性。换言之，过去的产品所满足的是使用的功能，追求的是使用效率、操作的舒适性，而忽略了使用者的感觉及感性体验，盲目崇拜科技，导致产品缺乏人性关怀，而忽略了使用者的情感评价。感质型文创设计诉求是从理性转为感性，考量的是从使用到使用者，从功能到感受，从高品质到高感知，将事与意义完美地融合，在带给受众生理享受的同时，也能满足心理需要。

7.3.3 反思旨"意"

当事的过程沿时间发展并形成闭环时，意义也就在这一过程中诞生，人们还会对意义进行"情感与价值"的反思与判断。比如，在旅游过程中，游客购买到一件很有特色的产品，就会产生愉悦的情感，将这件产品带回家后，使用一两天就发现有很多问题，无法满足正常的使用，游客便会边抱怨边去寻找解决办法，并对此做出判断。因此，在事的意义产生以后，过程还没有结束，还会对意义内容进行判别。人们总喜欢反思，在事情结束后反思这件事做得妥当与否，在一天结束后反思今天的工作是否完成，在生命即将结束时反思一生中有意义的事，而意义则成为反思的文本抽象。所以，文创产品必须要有故事性，通过分析文创产品是否遵循"源于文化、形于产品、用于生活"的原则来考量其优劣。同时，文创产品应该符合美学经济，要适合于日常的生活形态。换句话说，产品要"发思古之幽情"，以文化作为创意要素，用创意凸显美学经济，形成当代风采，建立惬意、乐活消费的生活形态。

非遗文化创意与设计

　　文创设计的目的在于传承历史中有价值的文化，提升社会的文化品位，增强民族文化自信。消费者的核心消费价值也被改变为简单而丰富的生活哲学，所以目前文创设计的诉求，也渐渐有硬件简单软件丰富的倾向。虽然"科技"是"设计之本"，但是"人性"却是"设计之始"，"科技"必须源于"人性"，才能营造和谐的人造世界，[①] 因此，设计思考的本质是"生活化"，其构思过程是"专业化"，其执行成果则是"普遍化"。专业化代表了设计高度与水平，普遍化代表了文化的渗透力。

7.4　江华瑶族非遗文创设计之象外限定

　　2017年11月，笔者成功申报中南大学"江华瑶族长鼓舞传承"大学生实践调研项目，并先后三次赴湖南江华瑶族自治县进行实地考察，拜访当地古法制鼓艺人盘上科先生，并观看整个制鼓过程。回程后，团队将制鼓过程以插画形式制作成套，并以毛毡、木材为原料将插画手工制作成"萌载鼓礼"系列文创产品挂图，共计16幅（见图7-4）。

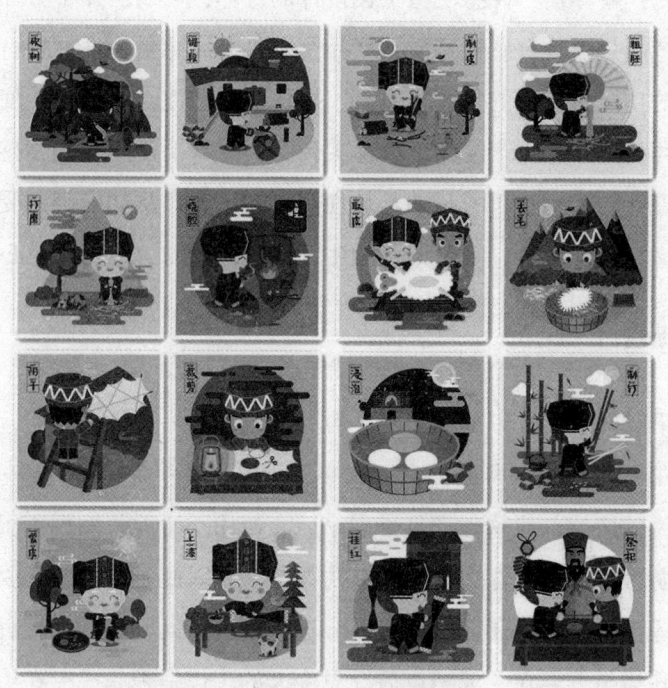

图7-4　"萌载鼓礼"文创设计

　　在江华瑶族自治县，长鼓舞对瑶族人民的生活产生了深刻的影响，尤其在2006年江华瑶族长鼓舞成功申报国家级非物质文化遗产后，人们对长鼓舞的关注度与日俱增，但与

---

① 蒋红.文化哲学：理性与人性的结合［J］.思想战线，2004（04）：15—18.

此同时，对长鼓舞的主要道具——长鼓的制作流程却少有人问津，直至中央电视台《探索·发现》栏目采访盘上科先生后，长鼓制作的神秘面纱才被慢慢揭开。在进行"萌载鼓礼"的设计前期，我们将制鼓流程进行提炼，希望让更多的人感受到匠人精神的具体存在。受众对流程进行认知，仅凭借提炼出的名词可能难以理解，如其中的"烧腔"步骤，在没有足够的经验的基础上，人们单凭"烧腔"这个简单的名词进行理解，容易造成偏差，即使具有相关的知识储备，但是因为烧腔在密闭空间进行，不易让更多人知道具体的操作流程。所以，我们将烧腔的整个流程分别提炼出关键词，并以情境描述的形式对每个名词所代表的步骤进行表现。

在进行"萌载鼓礼"文创设计时，团队严格遵循外部因素探索流程（见图7-5）：第一，明确主语限定人群。江华瑶族长鼓制作流程的大部分步骤不为人所知，同时又有很多人想要知道制作长鼓的步骤，基于此，此套设计选用卡通插画的制作形式，能够满足不同年龄段的受众需求，并且将场景进行简化，并植入到作品之中，能够让人清晰地辨别出具体流程的具体操作。第二，以线性流程概述发展流程。将16张配图根据视觉流程进行摆放，虽在作品上无明显顺序的指引与标识，但是能够让受众准确地按照顺序进行阅读与理解，并最终对整套流程有清晰的认知。第三，准确把握其工匠精神。单看一只长鼓，可能无法感受到工匠艺人花费的心血，但每一个弧度、每一颗铆钉都暗含着艺人数十年如一日的工匠经验及精神，通过对流程的全面解读，能够让受众体会何为工匠精神，体会老手艺人的执着与艰辛。

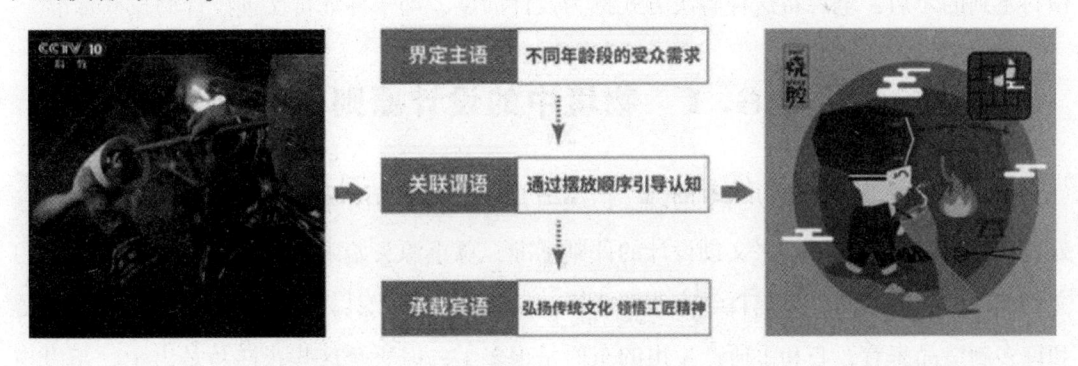

图7-5 "萌载鼓礼"外部因素探索流程

第8章 托物言事——文创设计中的象内可能

透过物我们能发现事的形成脉络，同时事的结构也通过物有所反映，两者相互作用后，事的意义也得到了最终的体现。文创设计中的"事"与"物"，即"所传承的文化"与"承载文化的载体"两个层面，两者并非独立存在，而是相互依存，"事"中所发现的问题能够在"物"中得到有效的解决，并最终形成两者统一的"境域"，随着融入其中的要素越来越多，"境"的范围也越来越大，发生了由"具体"到"抽象"，由"物境"到"意境"的递进。文创设计是当代设计的新兴产物，同时也是必然产物。在经历了精密的方程式、标准的电子管以及高精度的加工车床的时代后，人们渐渐不满足于这种毫无生命的产品，提出了精神层面的情感要求，即在科学的基础上，能够从人的角度出发，强调人的情感价值这类形而上的解决途径，重新寻求"象内"组织的情感可能性。下文中我们对文创设计的"象内"的探讨也将遵循于此，当然，感情因素与科学因素的结合势必会出现预料不到的矛盾，笔者将这种解决方式称为设计向度，即一种评价文创设计的权衡标准。

8.1 物境中的设计原则

理解与解读事物并非以当下的现实情况为背景，应尊重文化及相应事物出现时的实际处境，并将其作为发展新兴文创设计的评判标准，尊重源头始末，才得以构成结构稳定的文创设计的物境空间。英国哲学家弗朗西斯·培根在《新工具》一书中指出：从许多书籍和许多制造品来看，心和手所产生出的东西是很多了，但所有这些花样乃是出于已知事物的精华和引申，而无关于原理的数目。[①] 面对当下以文化为背景的文创设计，想要把握文创设计的核心内涵，必须掌握这条以事物发展为节点的时间横轴，纵观各元素的发生规律，把握这少之又少的事物本源。

---

① 弗朗西斯·培根. 新工具 [M]. 许宝骙, 译. 北京：商务印书馆, 1984.

8.1.1 以史为源

今天我们看到的工艺精美的出土文物、手工艺等，可以说是历史这面镜子的反射，各个地域物质发展的水平决定文化发展的氛围，同时也展现出每一历史发展阶段的特点，所以从另一个角度而言，相当一部分历史的遗产都能够体现出当时所处的社会环境及社会背景，如出土的陶罐表面附着着用炭为颜料所绘制的打猎图案，以此来反映人们生活起居的日常生活，现在人们用电脑精准设计图案，运用更好的工艺，使用更鲜明的颜色进行绘制，反映着现代人的审美需求，在这种对比中，我们发现表现的形式没有变，表现的载体没有变，改变的是所绘制的内容，也正是因为这种改变，我们才能够看到不可取代的历史价值与认识价值，并可以为我们所用。

首先，以史为源能够让我们发现不同历史时期所特有的生活环境、文化特点，甚至经济发展的情况。[①] 从一套流传近百年的瑶族服饰中，我们能够了解当时的自织布、自染色的工艺，从服装上的几何形图案中，我们能够看到瑶族绣娘的绣制技巧及图案规律，从而让我们以此为据，去研究已经失传的图案的具体意旨。随着时间的推移，我们发现衣服上的图案更加丰富多彩，使用的绣线颜色也更加丰富，图案类型也不仅仅局限于几何形态，带有弧度的图案也"跃然布上"，从这几点我们不难看出，时代的发展造成了技艺承载方式的不断变革，因此它也会毫不保留地反映每个时期社会发展的条件，从而为设计师提供了解某一特定文化的历史脉络。

其次，以史为源能够认识到文化的价值。相当多的历史遗留不仅仅是表面事物的缩影，同时也能够反映事物所承载的具有历史烙印的文化。一方面，这些文化的显性价值尤为突出，它们都体现了当代极高的审美价值以及工艺技巧，凝聚了一代人的智慧，也是民间文化、民俗生活与工艺美术的完美结合，江华瑶族特有的"舟型鞋"，就是典型的例子。在当时物质经济条件落后的环境下，一双绣满花纹的鞋子是一件奢侈品，鞋子的尾部有两寸长的开口就是为了让鞋子能够长时间使用，从另一个角度而言，体现出江华瑶族节俭朴实的良好品质。另一方面，其隐性价值也是显性价值的延伸和验证，从江华瑶族女性服装的头饰上，我们可以分析出女孩是否出嫁，由此可以看出瑶族人的嫁娶是十分隆重之事，并且，衣服前面的胸饰也是体现家庭条件的表现之一，物质条件富裕的家庭往往在胸前搭配三至八片银牌，而条件拮据的家庭往往以红色丝线代替，可以看出，瑶族人民一直存在对物质生活的向往的观念。所以，不同时段的设计往往只是历史长河中的一个侧面，左右它变

[①] 钟蕾，朱荔丽. 手工艺的设计再生 [M]. 北京：中国建筑工业出版社，2016.

化的内在动因要在更广泛的宏观语境下去寻找。① 以史为源,能够让我们学习到寻找原因的方法,掌握不同时段的文化事物所表现的规律。

8.1.2 以人为本

探寻文创设计的"本",无非探寻设计的本,即人之本。传统手工艺时代,"物"的使用者既是"设计师"又是"用户",所以手工艺者能够明确掌握要求进行"定制"。大机器时代,生产者掌握了制造的"主权",便忽略了用户的差异,认为"他们只能接受市场上现有的"。现如今,我们反思文创设计产品出现的原因后得出,消费者"主权"又登上了时代的舞台,虽仍倡导"以人为本"的设计原则,但其中的"人"并非"用户"或"设计师"这类个体,而是达到一种不同视角的融合,即主体间性。

从现在生活中有许许多多的设计,我们都能够看到设计师对用户的"呼应",如用于计时的日晷与现在集各种功能于一身的电子表,冰鉴与现在各种容量、各种款式的冰箱,我们在两者之间看到设计师为解决问题层层改进解决方式,并且经过时间的推移,形成一条完整的时间轴,这条轴上分布着无数的时间节点,代表着在某个时间出现了某种设计产物,并且每一个时间节点都很好地解决了当时的问题,满足了当时的生活所需。现在我们谈文创设计,也应该去研究"本"在哪里,"本"是何物,也就是设计师如何把握用户与自己之间的"主体间性"。我们再以台北故宫博物院的文创胶带为例,文创胶带之所以能受到年轻人追捧,是因为其诞生的时代是正确的,年轻人喜欢新鲜事物,深宫中的一草一木在当时的年代都不是常人能够见到的,但是在现在却以这样诙谐的方式,活灵活现地展现在人们的视野当中。设计师试图将自己想象为这群"年轻人",从他们的角度去考虑事物的情理,所以"朕知道了"胶带在推出后受到热烈追捧,当然胶带的"本"发展至今,已经相当成熟,之所以将皇帝的朱批应用在胶带上,也有"本"可依,世界上每一个国家,尤其是中国人,非常注重契约精神,从门上的封条到文件袋上的密封,这条短短的纸带都显示出了庄重与严肃。这两件事情的"本"可以互通有无,将文化的内容——皇帝朱批融入进去,由此便形成了一个优秀的文创设计,虽然小小的一卷胶带看似简单,但正是设计师合理地把握、运用了这种主体间性,才使其能够受到大众青睐。

但是,设计师同时有义务为用户把关,不能一味地迎合用户对"新奇"的需要,而制作出盈利性或低俗的文创设计,这是设计师的职责所在,同时也对设计师本身提出了更高层次的要求。

---

① 柳冠中. 事理学论纲 [M]. 长沙:中南大学出版社,2006:1.

8.1.3 以物为源

对于设计的概念,中文中有两种词性的解释:作动词解释时,指的是人类的一种活动形式;作名词解释时,指的是这种活动所诞生的产物。对于文创设计而言,笔者更倾向于名词解释:文创指文化加创意,文化属于中性词,代表了一个维度、一个层面的具体内容;创意为动词,指在文化的基础下进行的创造性活动,而设计则指的是具体的现实可见,以文化为基础进行创造性活动后,得出的兼具功能与艺术属性的产品。

元可以理解为本源,远古人用石头制作成石锤,与现在我们所见到的铁锤出自同一本元,都是解决了敲击坚硬物体的问题,虽然看起来很简单,但是随着科技的发展,人们对物的本源性把握出现了一定的偏差,如我们现在于一些传统的古镇街道所看到的飞檐斗拱造型,只起到了极其单调的装饰性作用。"斗拱"作为我国的传统建筑形式之一,其产生与发展都有着深远的历史意义,斗拱最初起到传递荷载、支承屋檐重量和增加出檐深度的作用,在明清之后,其结构性作用被削弱,装饰性作用增强,但是绝非是简单的外表装饰,其内在工艺的复杂程度成为检验其工艺水平的重要标志,但现如今,斗拱已经完全脱离于现代建筑,而市面上出现的"斗拱式"的建筑样式也仅仅是造型上的模仿,毫无使用价值及观赏价值可言。

对于当下的文创市场,这种情况更是比比皆是,但是不乏也有许多经典案例能够供我们所用。2017年底,某公司推出智能降温杯,相比之前的产品,可以让人更为直观地感受水温,这种强大功能使其瞬间在网络走红。杯子作为人们生活中必备的用品,每天都需要用到,但是水温问题一直是人们无法控制的一大难题,即我们本节提到的物的本元,刚刚倒入的热水无法入口,时间长后水温又过低,而该水杯恰巧解决了这一问题,杯子中的相变材料能较好地将杯中的水温控制在适合人饮用的55摄氏度左右。杯子的设计者认为,对家人的关爱在高速发展的社会显得黯淡无光,此杯子可以让人重拾这份关爱,让这份关爱在拿起与放下杯子之间得到体现。人与人之间的关爱是中华民族的优秀传统文化,将这种文化寄托于杯子这一实际物品之中,并且加之以极强的体现形式,就成为一件优秀的文创设计。

古罗马最著名的斯多葛学派哲学家爱比克泰德曾提出:人们并不被事物所扰乱,而是被他们对事物的看法所扰乱。同一事物,由于观察者的立场、角度、层次等不同,或动机、过程、结果、观念、方法、技术、工具、影响等不同,其结论完全不同。[①] 如果将设计定义为

---

① 柳冠中. 设计:"第三种智慧"[N]. 人民政协报,2011:8(C03).

"创造人类健康、合理的生存方式",那么,感质的文创设计,便是设计的最高层次,也是人类进入可持续发展的必然境界,当下的文创设计者,也应该将文创设计定义在这个范畴之内,不仅解决当前的人类生存问题,更应思考下一代人类以及未来人类生存、发展的可能。

我们把文创设计归结为"为文化传承所发出的目的性活动",它是设计的最本质意义,是设计的本元。

8.2 情境中的设计形态

从事的结构可以看出,"事"与"物"凸显了文创设计与人之间的情感交流,同时"时间"也丰富了意识文化这条"意识流"的脉络组成,规定了何种文化应当植入何种设计,何种文创产品又应该在何时出现,电子秤不可能出现在唐玄宗时代的小贩手中,同样一些与当下社会脱节的文化、价值观也不应在当代的文创设计中出现,我们应透过文化所营造的"事"以及"事"背后的发生动机去构建文创内部因素之间的联系。因此,文创设计中的"事"成为更庞大的系统范围,同时能动态地反映当代人与设计物之间的内在与外显,所以我们删繁就简,在这一庞大的"情境"场域中,去探寻文化元素、人文元素及事物之间的关系。

8.2.1 "物"反射"事"

"物"的产生是目标的具体实现。美国管理学家和社会科学家赫伯特·A·西蒙在其名著《关于人为事物的科学》中提出:人为事物可以用其功能、目的和适应性加以刻画;人为事物是指相对于第一自然的人化自然的事物,主要是包含了人的设计思想和创造性理念的人造事物。[①] 以前的铁匠打造刀具是为了满足周边邻居的日常使用,邻居们用刀具切剁食材满足自己的三餐需求,人总是通过各种各样的手段达成自己的目标,并解决生活中所出现的问题。

人类的不断发展,使得人类对于目标的追求变得更加细化,并且由简单的功能性满足转变为精神上的需要。比如,饮食不仅仅是简单的果腹,还是一种健康生活的来源;衣服不仅仅是遮体,还是美、个性的象征等。文化的差异便产生于这种目标的细化,当设计从注重生产物美价廉的产品转向开发具有人文内涵的感质商品时,文化与情怀则成为蕴含其

---

① 赫伯特·A·西蒙. 关于人为事物的科学 [M]. 杨砾,译. 北京:解放军出版社,1988.

中的重要因素。但是如何让文创设计从文化与情怀中挖掘到一个合适的切入点，将这种情感因素真正地融入其中而绝非流于表面的形式？我们不妨先将"文化"进行空间层次的拆解（见图8-1）：从文化的角度来看，外在层次是有形的参照物，中间层次是仪式习俗，内在层次是无形精神；从产品属性的角度来看，外在层次讲的是外形，中间层次强调的是功能和操作，内在层次诉求的是情感。我们透过这三个层次的分析，就能清楚对照文化和产品的关系，也能充分掌握文化意涵并为产品做定位。所谓定位，就是在设计过程中，将目标置于三种层次中的合适位置，如注重外在层次，便是直接引用文化参照物的外形，目前大部分的文创产品均属于这个层次，也有的产品注重中间层次，强调产品的操作或功能，但是最应当注重的还是产品的内在层次，强化文化、产品和人之间的互动情感。对于文创设计的目的性而言，它更加倾向于内在层次的范畴。

文化层次	产品属性
外　有形参照	外形
中　仪式习俗	功能
内　无形精神	情感

图8-1　文化与产品属性的层次分析

8.2.2　"事"塑造"物"

许多学者曾经提出研究文创产品设计的架构，应将其区分为包含实体、使用行为、无形精神层次的观点。笔者把文化设计的三个层次，对应文创产品设计时所需考虑的因素，整理成完整的相关图表，并分别说明"事"是如何塑造物的具体形态的，以便使我们进行设计时更容易对比、应用及思考，也可用来探讨文化创意产品在各个文化层次间的"事"的关系。将文化特色应用于各种文创产品设计的过程中，梳理出可供依循的程序方法，使得在具体执行过程中的思考及转换有章可循（见图8-2）。文创设计转换模式以设计过程为横轴，整合受众的期望认知与物的塑造两个向度，从而区分为五个设计步骤：第一，分析文化特色；第二，形成连接脉络；第三，筛选合适概念；第四，进行设计规划；第五，拟订设计方案。同时通过转换、转变、转化三个层次的不同的"事"的塑造，规范文创产品的设计。当设计文创产品时，因文化意涵难以把握，必须探究解析文化属性，寻求文化特色与产品间呈现的转换脉络，这种设计概念存在着许多不确定性，对设计者而言，是不容易掌握的。"由文化诉求"与"由'事'塑造"的共同作用，有助于在设计过程中思考各个层次的"事"的具体硬性，设计具有文化意涵的产品，致力于文化特色的转换应用与产品的设计呈观，而不只是对文物形态的模仿或对文物纹饰的生搬硬套。更重要的是"事"贯穿于其中，并形成良性的引导，最终促成文创产品的形成。

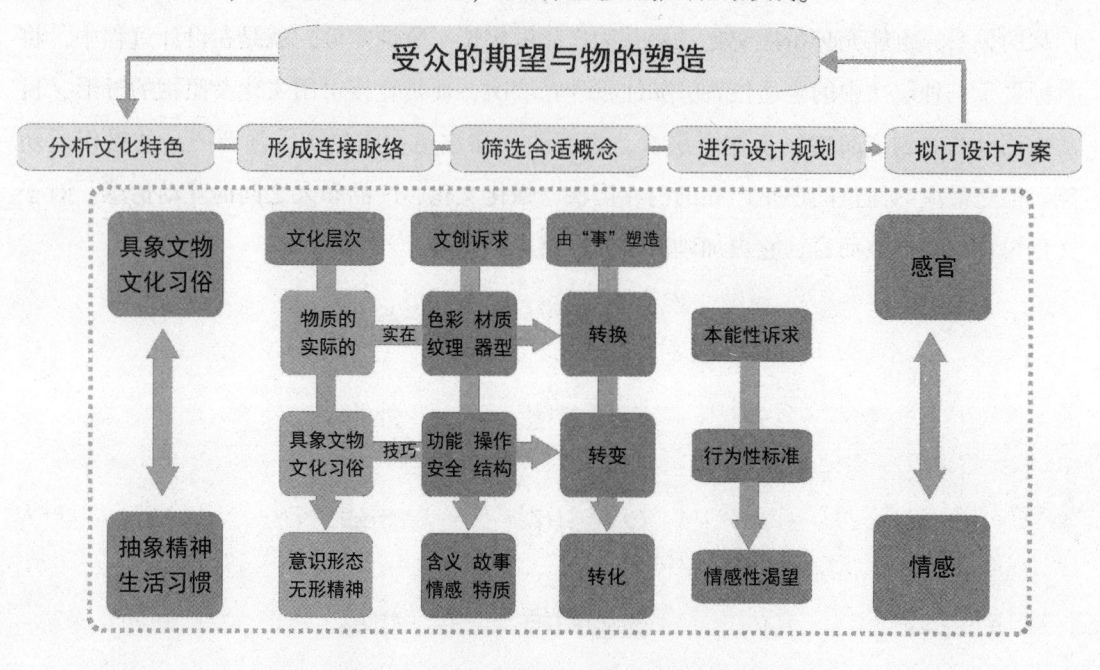

图 8-2 "事"塑造"物"的程序方法

8.3 意境中的设计向度

"物境"与"情境"融合之后，最终形成"意境"。不同的"境"相互结合之后又产生了新的问题。然而，对于文创设计的把握则解决了这一看似复杂的问题，并最终通过相互独立的文化与人的特性，体现出问题解决的具体形式。"事"结束之后，人们回顾始末，对事进行价值判断，并遵循自身情感判断这件设计是否满足了自身的文化需求，判断的依据同样也是"文化元素"与"物"之间关系的规律。

8.3.1 非技乃道

许多研究文化产品设计的学者将文化应用在设计上，并将之区分为外在、中间与内在三个层次。然而这个论述强调文化创意是方法，而不只是技巧！巨大的社会转型不可避免地对人们的思想观念产生剧烈的冲击，理想信念和价值观在这样的冲突和怀疑中受到了极大的挑战，柳冠中教授在接受采访时曾提到："说我们是制造大国，其实根本称不上是制造大国，而是个加工大国，有'造'没'制'，'制'是引进外国的。从设计的队伍到设计的战略，都有问题。"[①] 这样的例子比比皆是，"文创胶带"取得成功后，市面上则出现了各种形式的带有"传统符号"的胶带，并将符号加以命名，向大众宣传此胶带用了何种工艺，胶带能够反复使用等特效，这一事例，反映出当下文创市场的混乱，对于设计的本源没有任何想法，不去探寻其中的原理、事理，只注重形式，只关心如何最快地投入生产，如何在短时间内获取利润，认为文创设计只是一种非道乃技的盈利手段而已。与之相反的是，江华瑶族作为我国古老的少数民族，孕育了很多珍贵的民族文化，长鼓作为国家级非物质文化遗产——江华长鼓舞的重要舞蹈道具，其制作手法也并非掌握技巧便能达到炉火纯青的境界。在采访江华瑶族古法制鼓传承人盘上科先生时，老人向我们展示了他制作长鼓的工具，这些工具绝非我们在市面上能随意买到的，是老人根据多年积累的经验及使用习惯，自己打造的一套工具。与此有异曲同工之妙的还有苏扇的制作工艺，苏扇在制作时使用的工具也是由师傅亲自打造的，并且常人无法顺利驾驭，只有在技艺超群的师傅手中才能发挥其作用。自制工具是一种对所从事行业有极为深刻理解的一种现实体现，只有熟知了内部的"道"与"理"才能对此有这种超然的理解。对于文创设计，亦是如此，如使设计的产品每一个元素都经得起推敲，掌握其"道法"，才是捷径。

庖丁解牛是我们所熟知的庄子寓言故事之一，大可用来说明"文化创意，非技乃道"的道理。我们假设庖丁是设计师，"解牛"这件事就像文化创意设计。我们可以分析庖丁解牛的三步曲：初看一头牛（始臣之解牛之时，所见无非牛者）；再看是骨头（三年之后，未尝见全牛也）；最后，随心所欲（方今之时，臣以神遇而不以目视，官知止而神欲行）。庖丁解牛的三步曲，正符合文化创意设计非技乃道的道理。简言之，当一个设计师面对"文物"欲取其创意素材时，初看是文物的色彩、质感与造型等外在形式，探索其存在；再经其功能性、操作性与安全性等机能属性，认知其功能与用途；最后，则弱化其外在的形式与机能，感受其特殊含义、故事与感情等内在或心理上的象征意义。

8.3.2 举措得当

文创商品追求的是一种能够感受到物体本质的产品，其中的"质"是指物品所外显的

---

① 孟繁玮，阴澍雨，薛爽，等. 设计不是目的，是一种解决问题的方法：柳冠中访谈[J]. 美术观察，2011（10）：8—12.

"质量"、内在的"品质"以及评价品质好坏的"质感",所以文创设计,是一种让人由"需要"转变为"渴望"的心灵感动。所以,对于"需要"如何转变为"渴望"也是文化创意设计师要进一步思考的问题。所谓"需要"是必要的需求,通常来自身体,例如肚子饿的时候需要吃东西,口渴的时候需要喝水。而"渴望"通常是来自欲望,如某服装厂生产了限量版服装,某歌星发布了纪念版专辑,这时候就有想得到的欲望,欲望中的"欲"字,是一种由内心发出来的渴望与想法,从"心"出发,产品如果能触发消费者的心,欲望就会形成。

如何理解文化创意的"举措得当"? 我们确定了具体的设计方式,确定了材质、色彩、外观等因素之后,能够通过执行手段使其每个方面有良好的表现力。上文中我们提到了文创设计的过程也是由"需要"到"渴望"的一个过渡过程,但这一解释,绝无否定"需要"的存在意义之意,我们可以将"渴望"理解为"需要"的外延,促成"渴望",也需建立在"需要"的良好基础上。对于文创设计而言,做足"需要"更是责无旁贷,从产值和价值来看,"需要"注重的是功能性,注重产量,大部分的产品是以工业量产的方式降低成本来满足人们的需求,即便如此,在现在大机器生产条件如此成熟的情况下,文创产品的质量仍是令人无可奈何的,大量的优秀创意根本无法进行在地设计,从而真正地投入使用,如某品牌生产的"文创手机壳",传统的装饰纹样与手机壳相结合,表现出当代年轻人对传统文化的追崇与支持,但是由于制作工艺的短缺,因此这一类色彩艳丽、纹样丰富的手机壳在使用短短几天后出现掉色的尴尬情况,就连"需要"的层面都无法满足。

"渴望"注重的是心理的满足,注重价值。年轻人总是不惜重金去购买一双由喜欢的球星代言的鞋子,男孩儿总是想要拥有一辆属于自己的跑车,女孩儿总是想要一个奢侈的包,市面上当然不缺乏满足各自群体"需要"的产品,但是却无法满足他们的精神需求。文创产品无比符合这类群体的"需要",但在当下的文创环境中,对于心理层面的满足,还停留在很浅显的阶段。博物馆文创的兴起,是当下文创产业重要的体现方式之一,在西方国家,博物馆中的文创产品商店被称为"最后一个展厅",观众在游览过后,可以进行选购,这种模式一经出现便被纷纷仿效。这对文创环境或者是文创产业本身而言无疑是利好消息,但现阶段国内博物馆商店只是引进了此种营销模式,划分出了这样一块"商店"区域,个别商店里却摆放着质感低劣的物品,甚至与博物馆所营造的文化氛围格格不入,可能刚开始的确会有因新鲜感带来的所谓"效果",但久而久之,那些商店便成为人们过而不入的"摆设",浪费了宝贵的文化资源。其原因是对创意的挖掘不够深入,无法让消费者眼前一亮,达到"渴望"的程度,而苏州博物馆深度挖掘资源,开发的"国宝味道之秘色瓷莲花碗曲奇"饼干成为了首屈一指的焦点。在此之后,各个地区的博物馆纷纷推出各式各样的饼干，它们的味道大同小异，只不过外形不同，这无疑让许多消费者打消了消费欲望，产生了可有可无的想法，认为见到了也就足够了。同时，对知识产权的保护十分不充分，同样是某博物馆的文创产品，根据名人字画的图案所做出的瓷器文创，在博物馆中虽价格不菲，但是做工精美，物超所值。然而，在网络购物平台上，消费者可以购买到将近半价的同款商品，虽然外形相同，但是质量千差万别，这种做法无益于文创品牌的发展，甚至其低劣的质量会影响到产业的形象以及口碑。

参 考 文 献

一、著作

[1] 柳冠中.象外集[M].北京:中国建筑工业出版社,2012:30.

[2] 黄光男.气韵生动:文化创意产业20讲[M].台北:艺术家出版社,2016:58—59.

[3] 王秉安,施玮.地方特色文化创意产业与社区:原理、战略与两岸个案[M].北京:社会科学文献出版社,2016:70.

[4] 柳冠中.事理学论纲[M].长沙:中南大学出版社,2006.

[5] 马丁·海德格尔.存在与时间[M].陈嘉映,王庆节,译.北京:三联书店出版社,2006:198.

[6] 罗伯特·L.索尔所.认知心理学[M].邵志芳,译.北京:人民出版社,2008.

[7] 原研哉.设计中的设计[M].纪江红,译.桂林:广西师范大学出版社,2010.

[8] 李庆本.文化创意产业[M].北京:北京大学出版社,2015.

[9] 郝伯特·A·西蒙.关于人为事物的科学[M].杨砾,译.北京:解放军出版社,1988.

[10] 钟蕾,朱荔丽.手工艺的设计再生[M].北京:中国建筑工业出版社 2016.

[11] 弗朗西斯·培根.新工具[M].许宝骙,译.北京:商务印书馆,1984.

[12] 黄光男.美感探索[M].台湾:联经出版事业股份有限公司.2013.

[13] 费孝通.费孝通论文化与文化自觉[M].北京:群言出版社,2007.

[14] 郑伯全.文创时代:北京市文化创意产业的发展与创新 2006—2015[M].北京:中国经济出版社,2016.

[15] 周和平.文化强国战略[M].北京:学习出版社,2013.

[16] 邱春林.中国手工艺文化变迁[M].上海:中西书局,2011.

[17] 梁变凤.中国古建筑的真善美[M].太原:山西人民出版社,2013.

[18] 梁漱溟.人心与人生[M].上海:学林出版社,1984.

[19] 老子.道德经[M].北京:中国华侨出版社,2013.

[20] 徐克谦.《庄子》哲学新探:道、言、自由与美[M].北京:中华书局,2005.

[21] 范晔.后汉书·南蛮西南夷列传[M].北京:中华书局,1999.

[22] 玉时阶.瑶族[M].沈阳:辽宁民族出版社,2015.

[23] 李欣频.十四堂人生创意课[M].南宁:广西科学技术出版社.2010.

[24] 普列汉诺夫.普列汉诺夫美学论文集:第一册[M].曹葆华,译.北京:人民出版社,1983.

[25] 陶黎宝华.邱仁宗.价值与社会:第一集[M].北京:中国社会科学出版社,1997.

[26] 姚磊.非物质文化遗产保护问题研究[M].北京:知识产权出版社,2012.

[27] 康保成.中日韩非物质文化遗产的比较与研究[M].广州:中山大学出版社,2013.

[28] 苑利,顾军.非物质文化遗产保护前沿话题[M].北京:文化艺术出版社,2017.

二、期刊论文

[1] 叶立国.国内外系统科学文献综述[J].太原师范学院学报(社会科学版),2011,10(04):25—32.

[2] 李书群.在文化创意中传承民族文化[J].实事求是,2009(06):71—72.

[3] 李燕.感知上海 转型升级跨入3.0时代[J].上海信息化,2013(07):38—41.

[4] 陈彧.蒋琼耳:传统手工艺的唤醒者与分享者[J].南风窗,2014(17):81—83.

[5] 柳冠中.设计:人类未来不被毁灭的"第三种智慧"[J].设计艺术研究,2011,(01):1-5+8.

[6] 喻斐.公共设施中的人性化设计原则探讨[J].包装工程,2011,32(12):134—138.

[7] 傅婕,赵江洪,谭浩.基于潜意识和行为习惯的交互设计启示性[J].包装工程,2013,34(02):50-52+82.

[8] 蒋红.文化哲学:理性与人性的结合[J].思想战线,2004(04):15—18.

[9] 孟繁玮,阴澍雨,薛爽,等.设计不是目的,是一种解决问题的方法:柳冠中访谈[J].美术观察,2011(10):8—12.

[10] 李世国.物联网时代的智慧型物品探析[J].包装工程,2010,31(04):50—53.

[11] 高锐涛,郭晓燕,徐宁.产品设计中的人性因素和人体工学[J].包装工程,2011,32(22):61-63+71.

[12] 孙永磊,陈劲,宋晶.文化情境差异下双元惯例的作用研究[J].科学学研究,2015,33(09):1424—1431.

[13] 张娟,云双庆.设计中的民族文化特征:中西文化的差异对设计的影响[J].内蒙古师范大学学报(哲学社会科学版),2006(S1):467—469.

[14] 李化斗.惯习与理性的张力:布迪厄社会本体论的"模糊逻辑"[J].重庆邮电大学学报(社会科学版),2012,24(02):42—46.

[15] 宋建明.设计作为一种生产力,可精准扶贫[J].装饰,2018(04):23—27.

[16] 国家新闻出版广电总局.新闻出版广播影视"十三五"发展规划[J].中国出版,2017(20).

[17] 徐鸣.江华瑶族长鼓的历史溯源与文化底蕴[J].装饰,2019(07):116—119.

[18] 夏小莉.民族文化创意旅游产业发展机理与发展模式[J].经济研究导刊,2010(31):195—196.

[19] 陈凌云.博物馆文创产品的价值、设计方式和原则[J].文化产业研究,2016(03):144—158.

[20] 潘雪梅,万汉.博物馆文创产品开发的理念与原则:以四川三苏祠博物馆为例[J].绿色包装,2016(5):53—56.

[21] 徐凡,钱皓,王一珉.基于《长物志》造物思想的苏州博物馆文创产品设计原则[J].设计 2018(09):107—109.

[22] 陶济.包装新概念:创造真、善、美的理想世界[J].包装世界,1996(01):33—34.

[23] 张子杰,卢章平.产品设计之善[J].艺术与设计(理论)2010(11):224—225.

[24] 刘兵,章梅芳.科学史中"内史"与"外史"划分的消解:从科学知识社会学的立场看[J].清华大学学报(哲学社会科学版),2006(01):132—138.

[25] 费孝通.文化的传统与创造[J].文艺研究,1999(03):28—34.

[26] 刘菲.文化符号与非物质文化遗产传播研究[J].东岳论丛,2014,(07).

[27] 黄士安,戴木才.富强·民主·文明·和谐:我国社会主义核心价值体系现实目标的形成历程[J].科学社会主义,2010(02):32—36.

[28] 李忠.英雄烈士保护法对哪些行为说"不"[J].时事报告,2018(06).

[29] 习近平.坚定文化自信,建设社会主义文化强国[J].奋斗,2019(12):1—10.

[30] 张春丽,李星明.非物质文化遗产概念研究述论[J].中华文化论坛,2007(02):137—140.

[31] 黄永林."文化生态"视野下的非物质文化遗产保护[J].文化遗产,2013(05):1—12.

[32] 荣树云."非遗"语境中民间艺人社会身份的构建与认同:以山东潍坊年画艺人为例[J].民族艺术,2018(1):91—100.

[33] 赵旭东.文化互惠与遗产观念:回到一种人群互动与自主的文化遗产观[J].民族艺术,2019(2):12—24.

[34] 毛巧晖.非物质文化遗产语境下民俗艺术研究之嬗变[J].民族艺术,2020(04):47—54.

[35] 刘爱华.工具理性视角下的非物质文化遗产保护困境探析[J].民族艺术,2014(05):123—127.

[36] 耿波.地方与遗产:非物质文化遗产的地方性与当代问题[J].民族艺术,2015(03):59—67.

[37] 刘晓春.谁的原生态?为何本真性:非物质文化遗产语境下的原生态现象分析[J].学术研究,2008(02):153—158.

[38] 吕品田.在生产中保护和发展:谈传统手工技艺的"生产性方式保护"[J].美术观察,2009(07):5—7.

[39] 马盛德.非物质文化遗产生产性方式保护中的几个问题[J].福建论坛(人文社会科学版),2012(02):111—113.

[40] 潘鲁生.民间手工艺的知识产权保护与文化传承[J].红旗文稿,2012(06):13—15.

[41] 朱以青.传统技艺的生产保护与生活传承[J].民俗研究,2015(01):81—87.

[42] 鲁雯,刘璐.阶层、品位与传统美术类非遗的生产性保护[J].装饰,2018(06):72—74.

[43] 方李莉.论"非遗"传承与当代社会的多样性发展:以景德镇传统手工艺复兴为例[J].民族艺术,2015(01):71—83.

[44] 张朵朵,季铁.协同设计"触动"传统社区复兴:以"新通道·花瑶花"项目的非遗研究与创新实践为例[J].装饰,2016(12):26—29.

[45] 田阡.非物质文化遗产文化创意产业发展路径研究[J].社会科学战线,2015(04):30—34.

[46] 金江波.地方重塑:活态、活性与活力的非遗社区建设[J].装饰,2016(12):21—25.

[47] 王家飞.基于跨界打造非遗文化创意产品的设计研究[J].包装工程,2019,40(22):253—259.

[48] 叶茜,李树朋.基于非遗文化下的皮具创意研发的思考[J].中国皮革,2020,49(09):62—65.

[49] 汤金羽,朱学芳.数字非遗传承中严肃游戏项目开发与应用探讨[J].图书情报工作,2020,64(10):35—45.

[50] 黄永林.数字化背景下非物质文化遗产的保护与利用[J].文化遗产,2015(01):1—10.

[51] 刘德龙.坚守与变通:关于非物质文化遗产生产性保护中的几个关系[J].民俗研究,2013(01):5—9.

[52] 徐鸣,马晓昱.基于文化自信的非遗与文创研究综述[J].工业工程设计,2020,2(06):1—11.

[53] 徐鸣,崔劲炜.传统村落文化环境保护与发展[J].环境工程,2021,39(10):240—241.

[54] 段煜希,徐鸣.瑶族"龙犬"IP形象及周边设计[J].湖南包装,2020,35(06):183.

[55] 周芷馨,徐鸣."瑶心"木艺首饰盒设计[J].湖南包装,2020,35(06):2.

[56] 徐鸣,李宣乐.数字经济时代下非遗文创的传承与创新:评《数字经济下的文化创意革命》[J].当代财经,2020(10):2+149.

[57] 徐鸣.江华瑶族神话传说[J].装饰,2019(11):145.

三、学位论文

[1] 唐林涛.设计事理学理论、方法与实践[D].北京:清华大学,2004.

[2] 杨慧子.非物质文化遗产与文化创意产品设计[D].北京:中国艺术研究院,2017.

[3] 季诚迁.古村落非物质文化遗产保护研究[D].北京:中央民族大学,2011.

[4] 莫力.非物质文化遗产的现代发展[D].昆明:云南大学,2014.

[5] 孙克.人类学视野下的民间陶瓷及其活态保护研究[D].济南:山东大学,2014.

[6] 吴昉."海派剪纸艺术"传承与发展研究[D].上海:上海大学,2016.

[7] 陈少峰.非物质文化遗产的动漫化传承与传播研究[D].济南:山东大学,2014.

四、其他

[1] 柳冠中.设计:"第三种智慧"[N].人民政协报,2010-11-08(C03).

[2] 郑海鸥.非遗扶贫,鼓起群众信心[N].人民日报,2018-04-26(19).

[3] 倪镔.设计战略激活民族文化[N].中华建筑报,2014-03-21(006).

[4] 文化部关于加强非物质文化遗产生产性保护的指导意见[N].中国文化报,2012-02-27(001).